Sagen und Erzählungen

aus Hameln

Sagen und Erzählungen

aus Hameln

Nacherzählungen
von
Georg Kollmann

Illustrationen und Einband
von
Ilse Kollmann-Gummer

Verlag CW Niemeyer, Hameln

CIP-Titelaufnahme der Deutschen Bibliothek

Sagen und Erzählungen aus Hameln / von Georg Kollmann.
Ill. u. Einbd. von Ilse Kollmann-Gümmer. – Hameln: Niemeyer 1989
ISBN 3-87585-129-3
NE: Kollmann, Georg [Bearb.]

Gesamtherstellung CW Niemeyer-Druck Hameln
Printed in Germany
ISBN 3-87585-129-3

Inhaltsverzeichnis:

Der Rattenfänger von Hameln

In alter Zeit war Hameln eine Stadt, die von hohen, starken Mauern umgeben war. Nur durch wenige, stets gut bewachte Tore konnte ein Fremder sie betreten. Zwischen dieser Festung und dem Klütberge floß durch das schöne fruchtbare Tal die Weser, meist geruhsam, doch zuweilen auch mit reißendem Hochwasser und Eisschollen. Wie heute war es ein herrlicher Ort, so recht geschaffen, um darin glücklich zu leben.

Nun begab es sich aber, daß die Ratten, welche es in der Stadt schon immer gegeben hatte, sich noch stärker vermehrten. Schließlich wurde es so schlimm, daß es von den Nagern überall nur so wimmelte. Sie fraßen auf, was ihnen vor die scharfen Zähne kam. Die Kornspeicher und Vorratshäuser wurden leer, und bald drangen sie auch in die Wohnhäuser, und wenn sie dort in den Speisekammern nichts mehr fanden, fraßen sie sogar das Leder der Schuhe, während deren Besitzer schliefen. Nicht einmal die Säuglinge in den Wiegen waren vor den Ratten sicher.

Natürlich tat jedermann, was in seiner Macht stand, um der Not Herr zu werden. Man versuchte, die Ratten zu erschlagen oder mit Heugabeln zu erstechen. Aber die Tiere waren flink und kaum zu erwischen. Man stellte auch Fallen auf und legte vergiftete Köder aus. Doch Ratten sind schlau, und schnell lernten sie, die Fallen und das Gift zu vermeiden. Es war ihnen einfach nicht beizukommen.

Sorgenvoll überlegten alle Bewohner der Stadt Hameln, wovon sie im Winter leben sollten. Bald war die Not so groß, daß der Rat und

der Bürgermeister bereits erwogen, ihre Stadt aufzugeben und die Einwohner aufzufordern, den Ort zu verlassen.
Da machte in der letzten Versammlung ein Ratsherr den Vorschlag, noch einen Versuch zu wagen. Er schlug vor, Boten auszusenden, die im ganzen Lande verkünden sollten, daß man demjenigen, welcher die Stadt von der Rattenplage befreien könnte, eine hohe Belohnung zahlen würde. Gold- und Silbertaler hatte man in der wohlhabenden Stadt ja genug. Diese wenigstens hatten die Ratten nicht fressen können.
Dieser Vorschlag wurde von allen Ratsmitgliedern für gut befunden, und bald darauf verbreiteten Ausgesandte die Botschaft überall. Voll Angst und Sorge warteten indes die Hamelner, ob sich wohl ein Retter einfinden würde.
Doch es dauerte gar nicht lange, als an das Stadttor ein wunderlich aussehender Mann kam. Wie ein Spielmann war er gekleidet in ein Gewand aus vielfarbigem Tuch, und auf dem Kopfe trug er einen Hut mit langen schmucken Hahnenfedern. Der Wache, die ihn erst nicht durchlassen wollte, erklärte er, daß er der gesuchte Rattenfänger sei, welcher die Stadt erretten könnte, und er verlangte, unverzüglich zum Bürgermeister geführt zu werden. Ungläubig sah der Bürgermeister die seltsame Gestalt an. Doch wie ein Ertrinkender, der sich noch an einen Strohhalm zu klammern versuchte, entschloß er sich schließlich, mit dem Fremden einen Vertrag zu machen. Man einigte sich darauf, daß der Spielmann, wenn es ihm gelänge, sein Versprechen zu erfüllen, hundert Taler in Gold bekommen sollte. Dieses Abkommen wurde mit einem Handschlag feierlich besiegelt.
Nun warteten alle gespannt darauf, wie der Fremde wohl bewirken könnte, was der gesamten Einwohnerschaft der Stadt nicht gelun-

1284

gen war. Doch wie staunten sie, als er sich nicht daran machte, die überall herumlaufenden Ratten zu fangen, sondern sich auf den Marktplatz stellte und eine silberne Flöte aus seiner Umhängetasche nahm. Diese setzte er bedächtig an den Mund, und dann erschallte eine so zauberhafte Melodie, wie sie noch niemals jemand gehört hatte.
Es geschah, was niemand zu glauben gewagt hätte. Erst kamen nur einige Ratten und auch Mäuse zögernd herbei. Doch bald strömten sie aus Kellern, Wohnungen, Scheunen und Kanälen in Scharen hervor. Immer mehr wurden es, bis es um den Flötenspieler nur so über- und untereinander wogte und krabbelte. Manchmal sah es aus, als ob die Ratten nach dem Klange der Musik tanzten, dann wieder setzten sie sich auf die Hinterbeine und schienen mit schiefgelegtem Kopf aufmerksam zu lauschen. Indem er immer weiter auf seiner Flöte spielte, zog der Fremdling durch alle Straßen der Stadt, und überall kamen die Ratten aus ihren Schlupfwinkeln hervor und folgten dem Zauberklang der Flöte.
Als die Schar der Ratten so groß geworden war, daß wohl keine mehr zurückgeblieben sein konnten, nahm der Zug seinen Weg durch ein Stadttor, das zur Weser hin führte. Dort am Ufer angekommen, ging der Rattenfänger bis zu den Knien in das Wasser, und wie unter teuflischem Zwang stürzten sich alle Ratten hinter ihm her in die Flut und ertranken jämmerlich. Der Spielmann zog dann, immer noch seine Melodien spielend, weseraufwärts weiter. Die Hamelner dachten schon, daß damit alles sein Ende genommen hätte und freuten sich, so billig davongekommen zu sein. Doch am nächsten Tag kehrte der Fremde zurück in die Stadt, um seinen verdienten Lohn abzuholen. Der Bürgermeister und die Ratsherren aber, welche die Nacht hindurch die Errettung von der Rattenplage

ausgiebig gefeiert hatten, mochten indessen nichts mehr davon wissen und waren jetzt der Meinung, daß man das viele Geld für einen besseren Zweck verwenden könnte. Wie überall, galt auch hier das Sprichwort: Undank ist der Welt Lohn. Sollte man etwa für solch eine kleine Mühe, wie die Flötenspielerei, so viel Geld ausgeben? Nein, das kam gar nicht in Frage. Die Not war vorbei, der Geiz war zurückgekehrt. Und was galt schon ein Vertrag mit einem hergelaufenen Burschen? Ein einziges Goldstück wollte man ihm geben. Ja, höchstens dazu war man bereit. Wenn er damit nicht zufrieden sein wollte, sollte er sich gefälligst ohne Lohn davonscheren.

Der Erretter der Stadt hörte alles gefaßt und wortlos an. Doch seine Augen blitzten vor Zorn und Verachtung. Ohne das angebotene Goldstück auch nur eines Blickes zu würdigen, wandte er sich ab und verließ, auf Rache sinnend, die Stadt. – Die Hamelner aber freuten sich, daß sie so billig davongekommen waren und lobten die Weisheit ihres Bürgermeisters und des Stadtrates. –

Schon lange war für Hamelns Bürger der Alltag wieder eingekehrt und die Befreiung von der Not, welche die Ratten verursacht hatten, vergessen, da kehrte am 26. Juni des Jahres 1284 der Flötenspieler in die Stadt zurück. Dieses Mal war er jedoch in ein grünes Gewand, wie ein Jäger, gekleidet.

An einem Sonntagvormittag war es, als Eltern, Großeltern, Onkel und Tanten sich in der Kirche zum Gottesdienst versammelt hatten und niemand zu Hause auf die Kinder achtgab. Finster, mit bösem Gesicht, durchschritt der Fremde die Straßen und Gassen der Stadt und spielte dabei auf seiner Flöte eine schreckliche wilde Melodie, welche der Teufel erfunden haben könnte.

Doch dieses Mal folgten nicht Ratten und Mäuse dem Lockruf des Instruments. Nein, wie unter dem Zwang eines Zaubers kamen aus allen Häusern Kinder, kleine, die eben laufen konnten, und größere, soweit sie noch nicht am Kirchgang teilnahmen. Sie tanzten, sangen und scharten sich um den Musikanten, der immer wilder spielte. So folgten sie ihm auch freudig, als er durch das Ostertor die Stadt verließ und weiter zog durch Felder und Wiesen, bis sie an einen bewaldeten Berg kamen, der Schecken genannt wurde. Hier verschwand der Pfeifer mit allen Kindern in einer Bergspalte, die sich hinter ihnen schloß.

Nur zwei Kinder kehrten zurück, weil sie sich verspätet hatten. Das eine von ihnen war aber blind, so daß es nicht zeigen konnte, wo der Zug der anderen Kinder im Berge verschwunden war. Das andere war hingegen taub, so daß man es nicht befragen konnte nach dem, was geschehen war. Und noch ein kleiner Junge war dem Unglück entgangen, weil er schnell noch einmal nach Hause lief, um seine vergessene Jacke zu holen.

So hatte der Fremde furchtbare Rache dafür genommen, daß die Obrigkeit der Stadt Hameln den mit ihm geschlossenen Vertrag gebrochen hatte. Einhundertunddreißig Kinder sollen es gewesen sein, die aus der Stadt entführt wurden und auf Nimmerwiedersehen verschwanden.

Da läuteten vom Münster die Glocken, und Weinen und Klagen erfüllte die Häuser von Hameln, und einer machte dem anderen bittere Vorwürfe. Voll Wut und Trauer drangen die Mütter, welche ihre Kinder verloren hatten, in das Rathaus zum Bürgermeister vor und bedrohten und beschimpften ihn, weil er unehrlich geworden war und ein solch großes Unglück über sie alle gebracht hatte.

Doch ließ sich das Geschehene nicht wieder rückgängig machen, und bis heute weiß noch niemand, was aus den entführten Kindern geworden ist.
Die Straße, durch welche die Kinder hinausgeführt wurden, heißt noch heute die Bungelosen, weil seitdem darin keine Musik und keine Trommel, die man einst eine Bunge nannte, ertönen darf. Auch erinnert der folgende Spruch an die traurige Begebenheit:

Im Jahre MCCLXXXIV na Christi Gebort
To Hameln worde utgevort
Hundert und drittich Kinder, dorsülvest geboren,
Dorch enen Piper under den Köppen verloren.

Der wilde Peter von Hameln

Schon fast hundert Jahre bevor in Nürnberg der weithin bekannte Kasper Hauser lebte, wurde in Hameln ein Kind gefunden, dessen Herkunft unbekannt blieb und das offenbar ohne elterliche Fürsorge in der Wildnis aufgewachsen war.
Es war am 27. Juli des Jahres 1724, als Jürgen Meyer aus Hameln auf seiner Wiese „am Stiege" mit Heumachen beschäftigt war. Heiß war der Tag gewesen, und endlich war die Arbeit geschafft. So beschloß er nach kurzer Pause, den Heimweg anzutreten und ließ sich im Schatten eines Busches nieder. Plötzlich hörte er es im Gebüsch rascheln, als ob ein Fuchs oder Hase dort hindurchstreichen würde. Doch als er nachschaute, was das wohl sein könnte, sah er zu seinem großen Erstaunen vor sich eine sonderbare Gestalt stehen, die schmutzig und mit Haaren bedeckt war. Bittend streckte sie die Hände nach ihm aus, gerade wie ein Kind, das Hunger hat. Dabei stieß das Wesen unverständliche Laute aus.
Zum Glück hatte Jürgen Meyer in seinem Eßkorb noch einige Äpfel übrig behalten, die er dem Fremdling, von dem er immer noch nicht wußte, ob er ein Mensch oder ein Affe war, nach und nach gab. So lockte er ihn hinter sich her bis in die Stadt hinein, wobei sich immer mehr Leute, die auch von der Feldarbeit heimkehrten, dem Zuge anschlossen.
In der Stadt liefen dann noch viele Frauen, Männer und Kinder zusammen, um den Findling zu betrachten, und als ein Junge ausrief: „Ist das aber ein wilder Peter!" hatte der auch gleich einen Namen, den er von nun an sein Leben hindurch behalten sollte.
Wie heute mußte auch schon damals alles seine Ordnung haben,

und so ging Jürgen Meyer mit seinem Findling auf das Bürgermeisteramt, wo ein Protokoll aufgenommen wurde. Meyer und sein Knecht mußten aussagen, wo und wie sie den Peter gefunden hatten. Dann wandte man sich an Peter selber. Doch so sehr sich auch alle abmühten, nichts war aus ihm herauszubringen als einige Laute, die wie „ala – ala" klangen. Sonst küßte er die Erde und den Anwesenden die Hände, als ob er bitten wollte, daß man doch gut zu ihm sein möge.

Ein hinzugezogener Medikus stellte dann fest, daß Peter ein wirklicher Mensch sei und der Gestalt nach etwa zwölf Jahre alt sein könnte. Peters Kopf war mit dichten, dunklen struppigen Haaren bedeckt, und am Munde hatte er eine breite Narbe. Er war völlig unbekleidet, und seine Haut war sonnenverbrannt und vor Schmutz fast schwarz. Während des Verhöres glitten seine Augen ständig umher, als suchten sie für alle Fälle nach einem Fluchtweg.

Da man mit Peter vorerst nichts anzufangen wußte, beschloß der Rat, ihn im Hospiz zum „Heiligen Geist" unterzubringen.

Der Stadtbüttel brachte ihn dorthin, wo er im Erdgeschoß ein Zimmer erhielt, dessen einzige Einrichtung ein Strohsack war.

Natürlich war der „wilde Peter" für einige Zeit das bevorzugte Stadtgespräch, und vielerlei Mutmaßungen über seine Herkunft wurden angestellt. Ein ganz Kluger meinte sogar, er stamme aus dem Gefolge Peters des Großen, der vor einiger Zeit hier durchgekommen war. Ein anderer hielt es für sicher, daß es sich bei Peter eher um ein von seinen Eltern verstoßenes Kind handeln müßte. Von einem Schiffer wollte man schließlich erfahren haben, daß in einem Dorfe weiter weseraufwärts einer Stiefmutter zwei Kinder entlaufen seien, von denen man eines tot aufgefunden habe. Das andere müsse dann wohl der Peter sein. Ein ganz besonders

Schlauer vertrat die Meinung, daß Peter aus Afrika stamme und ein Mohammedaner sei, da er immer „ala-ala“ sage, und Allah sei schließlich der Gott der Mohammedaner. Ein Gelehrter erklärte, Peter müsse ein Wolfskind sein und von Wölfen aufgezogen, wie ja auch von Romulus und Remus aus der römischen Geschichte überliefert ist, und Wölfe gab es wirklich noch zu jener Zeit im Weserbergland.
Während sich die Leute so über seine Herkunft den Kopf zerbrachen, saß Peter in seinem kahlen Zimmer auf dem Strohsack und starrte dumpf vor sich hin. Dann griff er nach einigen grünen Ästen, die zufällig noch in einer Ecke lagen, schälte wie ein Tier mit den Zähnen die Rinden ab und sog den Saft daraus. Brot und Milch, welche ihm der Wärter brachte, verschmähte er, da ihm diese Speisen unbekannt waren. „Dann eben nicht“, sagte der Wärter enttäuscht, „morgen wird es der Hunger schon hineintreiben.“
Aber, o Schreck, am nächsten Morgen war Peter nicht mehr da. Er hatte das Fenster zu öffnen verstanden und war entkommen. Doch gelang seine Flucht nicht. Bereits auf der Osterstraße wurde man auf ihn aufmerksam und fing ihn ein. Dann brachte man ihn zum „Heiligen Geist“ zurück.
Er erhielt nun einen sichereren Raum und wurde strenger gehalten. Durch Hunger und sogar Schläge mit der Rute wurde er gezwungen, menschliche Nahrung zu sich zu nehmen. Endlich kam auch jemand auf den Gedanken, den Jungen in einen Badezuber zu stecken, und zum Erstaunen aller zeigte es sich, daß er eine weiße Haut hatte. Danach brachte man ihm bei, einen leinenen Kittel und Schuhe anzuziehen. Wenn er aber allein war, fiel er in das Benehmen zurück, wie er es in der Wildnis zum Überleben gelernt hatte und kaute Gras, Kraut und Bohnenstengel.

Nach und nach nahm sein Verhalten aber mehr menschliche Züge an, nur Sprechen lernte er nicht, da seine Zunge sehr dick und seitlich angewachsen war. Doch waren sonst alle seine Sinne gut ausgebildet – und wie hätte er ohne sie bis hierher überleben können?

Nach einem Dreivierteljahr wurde Peter einem Zeugmacher in Pflege und, wenn möglich, in die Lehre gegeben. Doch zeigte er sich wenig lernfähig. Nur leichte Arbeiten, wie Bierholen und Handwagenziehen, konnte er verrichten. Vom Handwerk vermochte der Meister nicht, ihm etwas beizubringen. Man durfte Peter nicht sich selbst überlassen, da er dann leicht dumme Streiche machte. Die Essenszeiten hingegen kannte er genau und ließ sich dann von nichts und niemandem abhalten.

Die Nachricht über den „wilden" Peter hatte sich weit im Lande verbreitet, und bald war er der Gegenstand aller möglichen mehr oder meist weniger gelehrten Abhandlungen.

Eines Tages geschah es, daß Kinder, wie es so ihre Art ist, den „wilden" Peter neckten. Dies setzten sie so lange fort, bis Peter, der sonst sehr gutmütig und friedfertig war, sich schließlich wehrte und kratzte und biß, wie er es aus seinem früheren Leben in der Wildnis gewohnt war. Auf die Beschwerden der Eltern hin schickte ihn der Rat der Stadt dann in das Waisenhaus in Celle.

Als der König von England, der auch Kurfürst von Hannover war, wieder einmal in Hannover weilte, hörte auch er vom wilden Peter und ließ ihn zu sich ins Schloß bringen. Doch als man den Jungen genug bewundert hatte, ließ das Interesse an ihm bald nach. Aber im Februar des Jahres 1726 wurde Peter nach London gebracht und dort der Aufsicht eines gewissen Dr. Arbuthnot übergeben, der an ihm erforschen wollte, welche menschlichen Verhaltensweisen be-

reits angeboren sind oder erst durch Lernen später erworben werden. So schenkte man dem stummen, geistesschwachen Knaben sehr viel Aufmerksamkeit.
Danach wurde Peter einer Kammerfrau der Königin übergeben, die ihn einem reichen Gutspächter für ein jährliches Kostgeld von 35 Pfund Sterling überließ.
Eines Tages hatte sich Peter dort in der ihm unbekannten Gegend verlaufen, wurde in Norfolk aufgegriffen und als verdächtiger Unbekannter vor einen Friedensrichter gestellt. Da keine Verständigung möglich war, ließ dieser ihn in das Zuchthaus von Norwich stecken. Unglücklicherweise brach dort in der gleichen Nacht Feuer aus. Nur mit großer Mühe konnten die Feuerwehrleute Peter, der seine helle Freude am Feuer hatte, aus seiner Zelle ins Freie retten.
Da sich dann bald herausstellte, daß Peter gutmütig und völlig harmlos war, wurde er seinem Pfleger wieder zurückgebracht, in dessen Obhut er ein Alter von etwa zweiundsiebzig Jahren erreichte.
Das Sprechen hat er niemals erlernt, doch war er stets gut gelaunt und heiteren Sinnes, liebte Musik und konnte sich am Feuer des Kamins nie sattsehen. – Auch den Branntwein soll er nicht verachtet haben.

Bonifatius in Hameln

Bonifatius, dessen wirklicher Name Wynfrith war, wurde um das Jahr 672 in England im Orte Wessex geboren. Er war Benediktinermönch im Kloster Nhutscelle. Vom Papst Gregor II. wurde er unter Verleihung des Namens Bonifatius mit der Bekehrung der Germanen zum Christentum beauftragt. Er missionierte mit großem Erfolg in Hessen, Franken und Bayern und gründete dort Klöster und Bistümer. Bereits achtzigjährig versuchte er als Bischof von Mainz, wie in seiner Jugend schon einmal, die Friesen zu bekehren, wurde aber von ihnen bei Dakkum erschlagen.
Eine Sage berichtet, daß sich Bonifatius einstmals auch im Königreich Engern aufgehalten haben soll. Es muß auf seiner letzten Fahrt zu den Friesen gewesen sein, als er von seinem Lieblingskloster Fulda aus weserabwärts fuhr und an die Stelle kam, wo die Hamel in die Weser mündet. Dieser Ort gefiel ihm besonders gut. Es herrschte dort ein Graf mit seiner Frau, die schon hochbetagt waren. Ebrard und Odegundina hießen sie und gehörten der Familie an, aus der später der Sachsenherzog Wittekind hervorging. Gastfreundlich wurde Bonifatius von ihnen aufgenommen, und er erholte sich bei ihnen eine Zeitlang von seiner beschwerlichen Reise, die ihm in seinem Alter zu schaffen machte. So ergab sich viel Zeit, mit dem gräflichen Paar über Fragen des Glaubens zu sprechen. Auch predigte er ihnen und dem Volke das Evangelium. Schließlich erreichte er, daß der Graf und die Gräfin sich taufen ließen und die christlichen Namen Bernhard und Christina annahmen.
Als dies nun geschehen war, bat er die Bekehrten um die Erlaubnis, ein dem Wotan geweihtes Heiligtum zerstören zu dürfen, wie er

einst schon die Donareiche bei Geismar gefällt hatte. Auch bat er, daß man ihm gestatten möge, an der gleichen Stelle eine Kirche zu Ehren des heiligen Romanus, der sein Vorgänger als Erzbischof von Mainz gewesen war, zu erbauen.
Der Graf und seine Gemahlin stimmten dem zu, und zugleich bestimmten sie, daß nach ihrem Tode alle ihre Güter der Kirche zufallen sollten, da sie selber kinderlos waren.
Die Burg der Grafen stand hoch oben auf dem Klüt. Einer alten Sitte folgend, beluden sie einen Esel mit einem Sack voll Gold und ließen ihn den steilen Berg hinuntertraben. Dort, wo er stehen bleiben würde und nicht mehr weiter konnte, sollte eine Kapelle errichtet werden. Das brave Grautier kam auch wohlbehalten unten an, doch am Ufer der Weser ging es nicht weiter. So wäre hier beinahe die Kapelle entstanden, wenn nicht gerade ein Fährmann angelegt hätte, der sich des herrenlosen Esels annahm und ihn über den Fluß mitnahm. Am anderen Ufer setzte der Esel seinen Weg fort, als ob er wußte, was von ihm erwartet wurde, bis er in die damals sumpfige Gegend kam, wo heute das Hamelner Münster steht. Dort blieben seine Hufe stecken, und er konnte nicht mehr weiter. So wurde an diesem Orte die Kapelle erbaut.

Die Schäfersfrau aus Tündern

Es ist üblich, daß es aus Kriegszeiten viel Trauriges zu berichten gibt. Um so erfreulicher ist es, wenn einmal Kunde von einer guten Tat überliefert wird.

Es geschah nach der Schlacht bei Hastenbeck, in welcher die englisch-hannoverschen Truppen und die französischen voreinander weggelaufen waren, weil jeder den anderen für den Sieger gehalten hatte. Damals herrschte in Tündern, welches von französischem Militär besetzt war, große Not. Die feindlichen Soldaten hatten alles, was nicht niet- und nagelfest war, geplündert. Am begierigsten waren sie nach Leinenzeug, und selbst die Mägde mußten die Leinwand, die sie für ihre Aussteuer gewebt hatten, hergeben. Bitten und Flehen half da gar nichts.

Auf einem der größten Höfe des Ortes war das Viehfutter so knapp geworden, daß die Bauersfrau, deren Mann zu den Soldaten eingezogen war, nicht wußte, wovon sie ihre an die fünfhundert Köpfe zählende Schafherde, die sie im Stall hatte, füttern sollte. Der Schäfer war tot, und so klang das hungrig anklagende Mäh-Mäh der Schafe bei Tage und bei Nacht und trieb der Bäuerin die Tränen in die Augen.

Das hörte und sah natürlich auch die Frau des verstorbenen Schäfers, die erst vor kurzer Zeit ein Kind bekommen hatte. Obwohl sie noch nicht recht erholt war, erbot sie sich, die Herde über die Obensburg zu Verwandten der Bäuerin nach Diedersen zu bringen. Den Umgang mit den Hunden und der Herde hatte sie leidlich von ihrem Manne erlernt.

So wickelte sie denn ihr Kind in ein Tragetuch, hängte es sich auf die Schulter und trieb die Herde vor sich her auf Voremberg zu. Dort aber lagerten französische Soldaten. Die hielten sie auf und belästigten sie so, daß sie nicht weiter konnte. In ihrer Verzweiflung brach sie in Tränen aus. In diesem Augenblick ihrer größten Angst aber trat ein junger französischer Offizier, der alles mit angesehen hatte, dazwischen und schrie die Soldaten an: „Wer diese Frau nicht ungehindert ziehen läßt, der bekommt es mit mir zu tun!“ Die rohen Kriegsleute wichen überrascht zurück, und der junge Offizier begleitete die Schäfersfrau bis an den Berg, von wo an sie nichts mehr zu befürchten hatte. Sie dankte ihm und kam mit ihrer Herde wohlbehalten in Diedersen an.
Ein Sohn dieses Offiziers, der es bis zum Obersten gebracht hatte, nahm fünfzig Jahre später bei einem Aufenthalt in Tündern auf dem gleichen Hof Quartier. Sein Vater hatte ihm von der einstigen Begebenheit erzählt, und so erkundigte er sich eingehend nach der mutigen Schäfersfrau, die aber leider inzwischen verstorben war.

Grausame Strafe

'n olt Döhnken von de Werbarger ohr Häringstucht.

De Werbarger hefft mal 'n Häring äten,
So lecker, datt kunnen se gar nicht vergäten:
Smeckd allnamehr.— Do hullen se Rat
Und daggden, nix keem ähr mehr to Maat,
As wenn all' Sönndag stund so'n Fisk
Mit Schöttel voll Tüffelken upp'n Disk;
Doch sünd se jüst nich alltorick,
So leggten se an enen Häringsdiek
Un köfften goot solten Häring in
Un settden de in denn Diek hinin
Un daggden, so schull't ähr nich verschälen;
Se harrn ahn Kosten, ahn Arbeit und Quälen
To'n Winter de fettsten Härings in Huus,
So dat ähr Muhl lüste n'an Fierdagssmuus. —
Nu maakde nich licht wer enen Gank,
Dat he nich gunk an'n Diek ook lang.
Un keek int Water: un röhrt sick denn wat,
So gunk gans lies he fädder sien'n Pat
Un smunzeld un rew sick de Hänn: „Denn kiek
Gans krimmelich vull sitt all de Diek!"
As entlik nu de Harvst weer kaam'n,
Do kemen de Wehrbarger wedder tosaam'n;
Nüms bleev to Huus van de Fiskeree:

Wat junk, wat olt weer, elk He, elk Se,
All' stunn'n se mit Emmers und Baljen und Faten
Wenn't Water erst herunt weer laten,
De Härings to grabbeln un nin to stäken.—

Dat Water weer rut: wat hefft se to käken!—
Ja, nix as Mudde! — wor weer'n se bläwen?—
Wat hett de Deerter all' verdräwen?
Van all' de Härings nich'n Stährt!
„Dat is he! de hett se uns all' vertährt!"
So rähr'n mit ins se alltomal,
Do slingel dö'rn Mudder 'n dicken Aal;
„Dat is de Röwer; de hett se upfräten!
Man gau den Satan int Füür ninsmäten!"
„Int Füür? Dat geit nich! Dar starvt he to flink;
Nä, smiet't int Water dat düwelsk Dink!
„Int Water; dat weer erst recht verdwaß!
Dat keem den Röwer jüst to Paß:
De hett jo ümmer lävt in'n Diek."
„Nä, dar is't Water vääl to sick,
Wol teinmal deeper mutet wesen!
Maakt darüm jo keen Fedderlesen;
Smiet't öm man in de Wesser nin!
Dar scholl he wol versupen in!"
Als do de Aal deep Water spöhrt,
Do hett he sick erst lüstig röhrt,
Un als he so na ünnen geit,
He ümmer up und dahl sick dreit.—
Do roopt se: „Kiekt doch siene Not!
Versupen is'n slimmen Doht!"

(Deister- und Weserzeitung 1856 No. 40.)

Grausame Strafe

Eine alte Geschichte vom Heringsteich der Wehrberger.

Die Wehrberger hatten mal Hering gegessen,
so lecker, das konnten sie gar nicht vergessen.
Das schmeckte nach mehr! – Da hielten sie Rat
und dachten, nichts wär' eine bessere Tat,
als wenn jeden Sonntag stünd' solch ein Fisch
mit Kartoffeln im Topf auf ihrem Tisch.
Doch leider waren sie nicht reich,
so grub man einen Heringsteich,
kaufte gesalzene Heringe ein
und setzte sie dann in den Teich hinein.
Sie dachten, so könnte es gar nicht mißlingen.
Es müßte ohn' Kosten und Arbeit jetzt bringen
zum Winter fettesten Hering ins Haus,
und ihr Mund schon lüstet nach Feiertagsschmaus.
Wenn jetzt einer machte mal einen Gang,
ging er stets auch am Teiche entlang.
Dort schaut er ins Wasser, und rührte sich was,
dann ging er leise zurück durch das Gras
und rieb sich die Hände und meinte dann gleich,
es wimmelte alles von Fischen im Teich.
Inzwischen war der Herbst angekommen,
und sie kamen im Dorfe zusammen.
Niemand blieb fort von der Fischpartie,
nicht jung, nicht alt, weder er noch sie,
und warteten dort mit Eimer und Fasse,

daß man aus dem Teiche das Wasser lasse,
um Fische zu greifen und einzustecken.
Das Wasser war raus. Doch was war zu entdecken?
Da war nichts als Modder. Wo war'n sie geblieben?
Was hatte die Tiere denn alle vertrieben?
Von alle den Heringen nicht mehr ein Steert.
„Das ist er! Der hat sie uns alle verzehrt!"
So schrien sie alle mit einem Mal,
als sich durch den Modder schlängelt ein Aal.
„Der ist der Räuber, der hat sie gefressen!
Das woll'n wir dem Satan niemals vergessen!
Ins Feuer mit ihm! Doch da stirbt er zu flink.
Nein, besser ins Wasser, das teuflische Ding!
Ins Wasser mit ihm? Nein, das wär ja ein Spaß.
Das käme dem Räuber ja recht erst zu Pass'.
Der lebte doch immer schon im Teich.
Dort ist das Wasser für ihn zu seicht.
Noch zehnmal tiefer muß es sein,
seht hierher, dort muß er hinein!
Werft ihn in die Weser rein!
Da soll er ersaufen fein!"
Wie nun der Aal Tiefwasser spürt,
da hat er sich so recht gerührt
und wie er dann nach unten geht,
sich immer auf und nieder dreht,
da rufen sie: „Seht seine Not!
Ersaufen ist ein schlimmer Tod!"

Aus dem Plattdeutschen von G. Kollmann

Der Hut von Haverbeck

An manchen Orten sollen früher einmal Begebenheiten geschehen sein, an welche die Nachkommen heute nicht mehr gern erinnert werden möchten. So soll es nicht ratsam sein, in Oldendorf nach den „hessischen Studenten", in Schevelstein nach den „Eisbären" und in Haverbeck nach „dem Hute" zu fragen. Doch war es wohl mehr eine lustige Geschichte, die vom Hut zu Haverbeck handelt, über welche wirklich niemand böse zu sein braucht.

Haverbeck gehörte zu der Zeit, als die Geschichte sich begab, zum Amte Lachem, das durch seinen streitbaren Amtsvogt Ebbecke, der als Rittmeister im schwedischen Heer gedient hatte, eine gewisse Bekanntheit erlangt hatte. Als Amtshaus diente in Lachem der sogenannte Freihof vor dem Dorfe, der Amt und Herrschaftsgebäude umfaßte.

Nun geschah es, daß einst ein Bauer aus Haverbeck zu einem Gerichtstermin ins Amt bestellt wurde. Als er zwischen seinem Dorf und Lachem eilig dahinschritt, rief ihn ein Bauer an, der dort auf dem Felde ackerte und fragte:

„Wo willst du denn hin?"

„Nach dem Amte", war die Antwort.

„Da fällt mir ein, daß ich da auch hin muß, aber ich habe es vergessen, und nun kann ich nicht mehr nach Hause, um mich umzuziehen. Wenn ich doch wenigstens einen Hut hätte!"

Es war damals nämlich Vorschrift, daß die Zeugen zur Wahrung der Würde des Gerichtes dort mit einem hohen Hut erscheinen mußten. Über dreckige Stiefel und entsprechende Arbeitskleidung wurde offenbar hinweggesehen.

Amtsgericht

„Wenn es weiter nichts ist, so kann ich dir helfen", sagte der erste. „Wenn ich fertig bin, kannst du ja meinen Hut aufsetzen."

Das erschien auch dem anderen als ein guter Ausweg aus seinen Schwierigkeiten, und sie gingen gemeinsam auf der Straße nach Lachem weiter.

Nicht lange dauerte es, da trafen sie einen dritten Bauern, der auch vorgeladen war und es vergessen hatte. So gingen sie denn zu dritt weiter, was auch viel unterhaltsamer war. Und wie man so über das Wetter, die Ernteaussichten und über die Kandidaten der nächsten Bürgermeisterwahl sprach, kam immer noch ein weiterer dazu, der auch zu dem Termin nach Lachem mußte, bis es schließlich insgesamt sieben Bauern aus Haverbeck waren, die alle nur einen Hut besaßen.

Der Gerichtstermin begann, und als der erste Zeuge fertig war, gab er seinen Hut auf dem Gang zum Gerichtssaal dem zweiten, dieser dem dritten, der dem nächstfolgenden und so weiter, bis alle drangekommen waren. Manch einem war der Hut ja ein wenig zu groß, doch wenn er die Ohren schön steif hielt, ging es schon.

So schworen sie alle unter dem gleichen Hute. Und was bis heute hin als äußerst schwierig, ja als fast unmöglich gilt, nämlich „Sieben unter einen Hut zu bringen", ist damals wirklich vorgekommen.

Weder der Amtsrichter noch der Gerichtsschreiber, auch nicht die Leute in den Zuhörerbänken sollen etwas davon bemerkt haben, und so würde wohl niemand jemals etwas von der Geschichte erfahren haben, wenn es nicht einer der Beteiligten im Gasthaus bei Bier und Klarem ausgeplaudert hätte. Denn, wie da einige der Bauern, die zu den sieben gehört hatten, von ihren großen Höfen und ihrem vielen Geld zu prahlen anfingen, brachte es einen anderen so dagegen auf, daß er ausrief: „Nun laßt es aber man genug sein! Bei euch, da haben ja sieben zusammen nur einen einzigen Hut!“

Der Kreuzstein bei Helpensen

Wer von Haverbeck in Richtung Hameln bis zum Gute Helpensen wandert, der kann einen ziemlich großen Stein an der Grenze der Feldmark nicht übersehen. Wenn dann der Wanderer durstig und nachdenklich in die nächstliegende Gastwirtschaft einkehrt und den hier alt gewordenen Gastwirt fragt, welche Bewandtnis es mit diesem Stein habe, so wird dieser ihm die folgende Sage erzählen: Wohl sicher habe der Gast an dem Stein ein darin eingehauenes Kreuz bemerkt. Solche Steine seien in der weiteren Umgebung nicht selten. Man nennt sie Kreuz- oder Sühnesteine. Sie erinnern meist an eine Untat, die in der Vorzeit hier begangen wurde.
Einstmals kehrte im Dorfkrug von Haverbeck ein Nagelschmied ein, der sich auf der Wanderung befand. Nagelpauscher nannte man dies heute ausgestorbene Handwerk damals. Er hatte einen langen Weg hinter sich, und es war ein heißer Sommertag gewesen. So langte er kräftig zu bei Bier und Wurstbrot. Als er dann gesättigt und sein Durst gestillt war, ging es an das Bezahlen der Zeche. Er nahm seine Ledertasche, die neben ihm lag, und wühlte suchend mit der Hand darin herum. Dabei klirrte es wie Gold- und Silbermünzen. Nach einiger Zeit hatte er endlich gefunden, was er suchte und bezahlte den Wirt mit dem Groschen, den er ihm schuldig war, wobei er ausrief: „Unter hundert wenigstens einen!“ Dann hängte er seine Tasche über die Schulter und ging seines Weges auf Hameln zu, das er vor Abend noch erreichen wollte.
Am Nachbartische aber saß ein fremder Handwerksbursche. Der hatte das Klirren und Klingen im Beutel und auch den Ausruf gehört und vermutete in der Ledertasche des Nagelschmiedes viel,

viel Geld. Voll Gier und Raublust ging er ihm nach, um die, wie er zu wissen glaubte, kostbare Tasche in seinen Besitz zu bringen. Dort, wo heute der Kreuzstein steht, überfiel der Räuber den Wanderer, und da der Schmied ihm die Tasche nicht freiwillig überlassen wollte, kam es zum Kampf, in dem der unbewaffnete Wanderer getötet wurde.

Doch wie groß muß die Enttäuschung des Räubers gewesen sein, als er die Tasche öffnete, um seine Beute zu betrachten und sich daran zu erfreuen. Was beim Herumsuchen nach einem Groschen in der Tasche so geklirrt hatte wie Gold- und Silbermünzen, war nichts als lauter Nägel gewesen, denn der Schmied hatte bei seinem Ausruf nicht hundert Geldstücke, sondern hundert Nägel gemeint, unter denen sich endlich wenigstens ein Groschen hatte finden lassen.

Zum Gedenken an diesen Mord steht an der Stelle noch heute dieser Kreuzstein.

Nach Plesse

Haverbeck und Halvestorf

Die Namen, welche die beiden Dörfer Haverbeck und Halvestorf tragen, scheinen ungewöhnlich zu sein, und es ist über deren Ursprung oft gerätselt worden. So wurde auch eine Sage überliefert, aus der seine Deutung entnommen werden könnte.

Vor sehr langer Zeit sollen beide Dörfer einmal nur ein Ort gewesen sein, der etwas südlicher gelegen war, dort, wo heute noch ein Teil der Feldmark „Rattendorf“ genannt wird. Seltsamerweise paßt dazu die Aufzeichnung in einer alten Urkunde aus dem Jahre 1476, in welcher die Gegend als „Rattendorf auf dem Keller“ bezeichnet wird. Der Ort ist dann wüst geworden, wie es mit manchen Dörfern in dieser Gegend im Mittelalter geschehen ist. Zum Teil waren an dem Untergang der Dörfer Kriegsereignisse und örtliche Fehden, Feuersbrünste und Hungersnöte oder auch drückende Abgaben an die Grundherren schuld, die zur Landflucht führten. Hier könnte es eine Seuche gewesen sein, welche die Bevölkerung zwang, ihr Dorf zu verlassen, denn mit den Ratten kam die Pest.

Die Sage berichtet nun, daß die Bewohner des verlassenen Dorfes nicht weit gewandert sind. Allerdings konnten sie sich nicht darüber einig werden, wohin sie ziehen wollten. So ging ein Teil von ihnen nur ein wenig weiter nach Südosten, und da diese nur etwa die Hälfte der Einwohner des alten Dorfes waren, nannten sie es Halvestorf, was so viel wie „halbes Dorf“ bedeuten soll.

Der andere Teil der Leute, die von den Ratten aus ihrem Dorf vertrieben waren, zog über den Bach etwa eine halbe Stunde weit nach Norden. Dort gründeten sie ein neues Dorf. Sie sollen damals in ihrer plattdeutschen Mundart gesagt haben: „Wi sind awer de Beeke gan.“ Aus den Wörtern „awer de Beeke“ soll dann die Ortsbezeichnung Haverbeck entstanden sein.

Nach Fr. Meissel

Holtensen, Unsen, Welliehausen

Darüber, wie diese drei Orte einstmals entstanden sein sollen und wie sie zu ihrem Namen kamen, erzählt man sich in der Gegend folgende Geschichten:
Die ersten, welche hierher kamen, sollen aus Hameln abgewandert sein. Vielleicht waren es die Ratten, durch die sie vertrieben wurden, bevor der Rattenfänger die Hamelner von der Plage befreite. Vielleicht war es aber auch die reine Landluft, die sie gelockt hatte, den Dunst der mittelalterlichen Stadt zu verlassen. Man weiß es nicht. Wie die Auswanderer nun mit Weib, Kind, Sack und Pack im dichten Walde ankamen, beschlossen sie, dort zu bleiben und sagten: „In düssen Holte wöllt wi husen!" Daraus wurde dann zunächst Holthusen und im Laufe der Zeit der heutige Name für den Ort: Holtensen.
Es muß sich in Holthusen wohl ganz gut gelebt haben. Der Wald wurde gerodet und Kinder wurden geboren. Doch mit der Zeit vergrößerte sich die Zahl der Bewohner so sehr, daß für alle der Raum zu eng wurde. Da sah sich ein Teil der Einwohner nach einem neuen Wohnsitz um, und es gefiel ihnen besonders das herrliche Tal, das den Süntel von den Vorbergen trennt. Als sie sich nun aber ganz von ihren Freunden und Verwandten in Holthusen lossagen wollten, waren diese sehr traurig darüber, wollten es nicht zulassen und sagten nur immer wieder:
„Daraus darf nichts werden! Ihr seid doch unser!" So soll dann der Name Unsen entstanden sein.
Eine Zeit ging dann wieder ins Land, in der alle zufrieden waren. Da packte in Holtensen und Unsen die jungen, abenteuerlustigen

Leute Wanderfieber, und sie zogen an den Süntel, der damals eine wilde Gegend war, in welcher Räuberbanden hausten und die ganze Umgebung unsicher machten. Entsetzt und verwundert fragten daher die Zurückbleibenden: „Do wöllt ji husen?"
Daraus muß dann wohl der Name für den neuen Ort „Welliehausen" geworden sein.

Herzog Erich von Calenberg

Das Fürstentum Calenberg hatte seinen Namen von der Festung Calenberg, deren Ruine bei Schulenburg an der Leine zu finden ist. Sie wurde kurz vor 1300 gegen das Bistum Hildesheim errichtet. Das Fürstentum entstand um 1409 als eines der welfischen Teilfürstentümer aus dem zerfallenen Reich Heinrichs des Löwen. Nach seiner wechselvollen Geschichte, in der es zeitweise selbständig war, dann den Herzögen von Lüneburg und Braunschweig-Wolfenbüttel unterstand, auch für eine Zeitlang mit Göttingen-Grubenhagen vereinigt war, bildete es schließlich den Grundstock für das Kurfürstentum und spätere Königreich Hannover.
Herzog Erich der Ältere war einer der Herzöge von Calenberg und war, wie berichtet wird, der Stadt Hameln, welche zu seinem Fürstentum gehörte, sehr zugetan. So gewährte er den Bürgern freie Ausübung der Jagd in ihrer Feldmark und sogar das Recht, im nahen Süntel Holz zu fällen, womit er versuchte, seinen Dank abzustatten.
In jener Zeit waren nicht nur weltliche Landesherren darauf aus, immer mehr Macht zu gewinnen und ihr Land zu vergrößern; auch kirchliche Fürsten beabsichtigten dieses, obwohl sie ja eigentlich dem Frieden hätten dienen sollen. So beanspruchte der Bischof von Minden, welcher der Neffe des Herzogs Erich war, für sich die Städte Hameln, Oldendorf und Hildesheim sowie die Grafschaft Hallermund.
Darüber kam es zur offenen Fehde, in welcher die Hamelner Bürger ihrem Herzog treuen und tapferen Beistand leisteten und ihm sogar die Freiheit und das Leben retteten.

Es wird berichtet, daß Herzog Erich von den Truppen des Mindener Bischofs auf der Ützenburg eingeschlossen wurde. Die Burg war nur schwach besetzt, und die Zahl der belagernden Feinde war übermächtig. So kam es dann bald so weit, daß die Burg nicht länger gehalten werden konnte. Der Herzog mußte befürchten, in die Hände des Mindener Bischofs zu fallen. Da hatte sich auf geheimen Pfaden ein Müller aus Wehle, mit Namen Wöhler, unter Lebensgefahr auf die Burg geschlichen und erbot sich, seinen Landesherren auf dem gleichen Weg in die Freiheit zu bringen. Trotz der Gefahr, vom Feind entdeckt zu werden, willigte der Herzog ein, und es gelang, ihn an die Weser zu bringen, wo eine Mannschaft unter Führung des Grafen von Bühren ihn erwartete.
Die Flucht war aber von den Mindenern nicht unbemerkt geblieben, und sie nahmen sofort die Verfolgung auf. Alles ging gut, bis die Hamelner versuchten, den Herzog bei Helpensen über die Weser zu setzen. Dort wurden sie von der Mindener Truppe eingeholt. Ein heftiges Gefecht entbrannte, in dem sich die Hamelner Bürger tapfer schlugen. Es gelang ihnen sogar, den Herzog über die Weser in Sicherheit zu bringen. Leider verloren dabei die Hamelner achtundzwanzig brave Fischer und fünf mutige Bäcker. Über die Verluste der Bischöflichen ist nichts überliefert worden.

Die Weiße Jungfrau von Hameln

Viele unserer heimatlichen Sagen berichten vom Erscheinen „weißer Jungfrauen“. Auch im Hamelner Riepen, einem Berg auf der linken Weserseite, wurde früher oft eine Weiße Jungfrau gesehen. Sie ging langsam, mit traurigem Gesicht durch den Wald bis zu einer Einsenkung, die das Bührener Loch genannt wird. Dabei trug sie einen Bund Schlüssel in der Hand, und die Sage berichtet, daß diese dazu bestimmt waren, den Eingang zu einer Schatzkammer zu öffnen. Die Weiße Jungfrau setzte sich jedesmal am Rande des Bührener Lochs nieder, mit bleichem Gesicht und die Augen voller Tränen.

Es war zu jener Zeit, als das Hamelner Münster verfallen und verwüstet war. Wenn der Mond von ferne den traurigen Anblick des Hamelner Münsters erkennen ließ, streckte die Jungfrau sehnsüchtig die Arme dorthin aus. Als nämlich das Münster noch prächtig und unversehrt dagestanden hatte, befand sich in der Domgruft ihre Grabstelle. Nachdem das Münster aber frevelhaft zerstört worden war, erwachte sie in ihrem Grabe und verließ es weinend und voller Trauer. Danach erwählte sie den Riepen als Ruhestätte.

Die schöne Jungfrau war aber, so lautete die Sage, nur so lange als Geist im Riepen zu sehen, bis das Münster in alter Pracht wiederhergestellt worden war und darin, wie einstmals, Orgeltöne und Lobgesang erklangen. Seit vom hohen Turm aufs neue wieder die Glocken erschallten, mußte sie nicht mehr traurig sein, und sie konnte in ihr früheres Grab im Münster zurückkehren, um dort endlich ihre ewige Ruhe zu finden. Wer aber den Wiederaufbau des

Münsters bewirkt hatte, der bekam den Schatz der Jungfrau, der im Riepen verborgen gelegen hatte, zum Lohn.
Inzwischen ist das Münster schon seit langer Zeit wiederhergerichtet. Es ist ein herrliches Bauwerk der Stadt Hameln, und die Glocken läuten und die Orgel erklingt.
Dennoch ist niemals bekannt geworden, wer den Schatz der Jungfrau erhalten hat.

Die falsche Weiße Jungfrau

Noch bevor das Münster wiederhergestellt und in alter Schönheit zu sehen war, schien es den Hamelnern, als ob sich die Weiße Jungfrau entschlossen hätte, früher zurückzukehren.

Doch stellte es sich bald heraus, daß es eine alte Frau war, die aus dem Armenhaus in weißer Nachtjacke und ebensolcher Haube davongelaufen war und sich im Münster versteckt hatte.

Da sie sich unten in der Kirche vor Entdeckung noch nicht sicher fühlte, war sie auf den Turm gestiegen und sah von dort oben auf die Stadt und das Leben auf den Straßen herab, wobei sie sich ihrer Freiheit erfreute.

Plötzlich wurde sie von den scharfen Augen der Kinder, welche auf dem Heimweg von der Schule waren, entdeckt, und da zu jener Zeit ein jeder die Sage kannte, schrien sie sogleich: „Die Weiße Jungfrau! Die Weiße Jungfrau!" indem sie zu den Schallöchern im Münsterturm zeigten.

Als die Frau das Geschrei hörte, zog sie sich sofort erschreckt zurück. Aber inzwischen waren schon Erwachsene, Frauen und Männer, hinzugekommen und vernahmen voll Staunen, daß man die Weiße Jungfrau auf dem Turm gesehen hätte. Immer mehr Leute sammelten sich an und schauten neugierig und erwartungsvoll nach oben. Richtig, da war sie wieder. Alle hatten sie gesehen. Wie ein Lauffeuer verbreitete sich in der Stadt die Nachricht vom Erscheinen der Weißen Jungfrau.

Endlich stiegen ein paar beherzte Männer auf den Turm, fanden jedoch niemand vor, da sich die Frau voll Angst versteckt hatte.

Kaum waren sie aber wieder unten, war die Erscheinung erneut im Turmfenster für alle zu erkennen.
Schließlich wurde die bedauernswerte alte Frau dann doch entdeckt und stieg mit Hilfe einiger Bürger wieder vom Turm herunter. Doch mußte teilweise auch mit etwas Gewalt nachgeholfen werden.
Durch das Spalier der Zuschauer, die nun ihr Tagesgespräch hatten, wurde die Frau in ihrer Morgentoilette dann ins Armenhaus zurückgebracht.

Jobst Heinrich Meier, der Kraftmensch von Tündern

Ungefähr im Jahre 1702 soll es gewesen sein, als einem Bauern mit Namen Meier in Tündern ein Sohn geboren wurde, der später wegen seiner ungeheuren Kraft weit über die Grenzen des Landes bekannt wurde.
Über die Zeit des Heranwachsens von Jobst Heinrich, wie er getauft wurde, ist nichts Besonderes überliefert worden. In seinem achtzehnten Lebensjahr trat er in das Kurhannoversche Leibregiment ein, wo er als tüchtiger Reiter und guter Kamerad galt. Bei aller Körperkraft war er nie gewalttätig, sondern zeigte sich stets gutmütig und hilfsbereit. Doch geschah in seiner Anwesenheit jemandem ein offensichtliches Unrecht, nahm er uneingeschränkt für diesen Partei und setzte dabei, wenn es sein mußte, auch die Kraft seines Körpers sein.
So geschah es, daß nicht weit von dem Dorfe, in dem er mit den Kurhannoverschen im Quartier lag, preußische Werber ihr Büro aufgeschlagen hatten. Denen war kein Mittel zu schlecht, Rekruten unter die preußischen Fahnen zu bekommen, zumal sie für jeden Angeworbenen einen Extralohn erhielten. In den verrufensten Wirtshäusern trieben sie ihr Geschäft, wo sie ihre späteren Opfer oft erst betrunken machten. Wenn sie es damit dann aber auch nicht schafften, scheuten sie sich jedoch auch nicht vor Gewaltanwendung.
In Meiers Anwesenheit verunglückte bei einem Handgemenge zwischen Werbern und Wirtshausgästen ein Schäferknecht, der keinen Kriegsdienst annehmen wollte, so, daß ihm von den Werbern die

Blase im Leib zertreten wurde. Kaum hatte Jobst Heinrich das gesehen, packte ihn unendliche Wut, und er schlug die gesamte preußische Werbemannschaft allein aus dem Wirtshaus heraus, daß sie sich nicht wieder blicken ließen, bis er den Ort verlassen hatte.
Die Werber beschwerten sich natürlich, und obwohl man den Seelenverkäufern die empfangenen Prügel gern gönnte, mußte der Soldat Meier doch der Ordnung halber zu einer allerdings gelinden Strafe verurteilt werden. So mußte er denn mit festgebundenen Händen in Hameln für einige Stunden an einem Pfahl stehen, der tief in die Erde eingerammt war, eine damals übliche Strafe. Als die Mittagssonne heiß herabbrannte, plagte ihn der Durst. Nun hätte ihm jeder Vorübergehende sicher gern zu trinken gegeben. Doch schien dieses Jobst Heinrich wohl zu umständlich. Kurzentschlossen riß er den Pfahl aus dem Boden, als ob es eine Mohrrübe wäre, nahm ihn auf die Schulter und ging dahin, wo es etwas zu trinken gab. Danach stieß er den Pfahl wieder in den Boden und stand den Rest seiner Strafe geduldig ab.
Noch heute werden einige seiner Kraftproben bei Bier und Klaren an Tünderns Stammtischen erzählt.
Einst trug er ein halbes Fuder Hafer auf einer Bierleiter, als wäre das ein Kinderspiel. Dabei sind das sechs kalenbergische Malter, was nach heutiger Rechnung etwa drei Doppelzentner sein dürften.
Ein anderes Mal pries ihm ein Händler ein Reitpferd an und lobte es über den grünen Klee. Doch Meier erachtete es, gemessen an seiner eigenen stattlichen Größe, als zu klein für sich. „Ach, das Tier ist ja nur ein Beutel“, äußerte er entsprechend geringschätzig. „Was, ein Beutel?“ versetzte empört der Pferdehändler. „Wenn ihr es wie einen Beutel tragen könnt, so soll es euch gehören!“ Kaum

war ihm dies entfahren, bereute er es auch schon, denn ihm war Meiers Kraft bekannt. Denn nun mußte er zu seinem Schrecken erleben, wie sich Jobst Heinrich unter das Pferd beugte, es zum Erstaunen aller Umstehenden auf die Schultern hob und dann mit ihm einige Schritte ging. So billig hatte er bisher noch kein Pferd erwerben können, denn der Händler mußte selbstverständlich sein Wort halten. Zu viele dabeistehende Zeugen hatten vernommen, was er leichtsinnig verprochen hatte.

Bei einem stark bemessenen Malter Bohnen behaupteten einige umstehende Burschen, das könne kein Mensch tragen. Da meinte Meier: „Wetten wir um ein Maß Branntwein und ich nehme es in einem Scheffel stehend auf, lasse noch einen Mann oben aufsitzen und gehe damit spazieren.“ Die Wette wurde angenommen, und Jobst Heinrich gewann sie zum Erstaunen aller ohne Mühe.

Wie nun Jobst Heinrich Meier dem Übermut der Burschenjahre entwachsen war und den väterlichen Hof übernommen hatte, suchte er sich eine nützlichere Aufgabe, um seine übermenschliche Kraft zu erproben.

Am Ackerrande seines Hofes floß die Weser in zwei schiffbaren Armen entlang und bildete einen Werder. Wozu braucht der Strom hier zwei, wenn er sonst mit einem Flußbette auskommt, dachte Meier. Nun war früher schon versucht worden, den nach Tündern gelegenen Flußarm mit Pfählen abzudämmen, doch war es bisher nicht gelungen. Entschlossen, sein Vorhaben auszuführen, nahm Meier dazu jetzt eben ganze Bäume, die er allein fällte und herbeischaffte. So dämmte und kämpfte er allein, da fremde Hilfskräfte nicht bezahlbar waren, so lange, bis er es geschafft hatte, und seiner Besitzung drei Morgen bester Wiese als Weideland hinzugewonnen waren. Dies Land trug später den Namen „dat Stickels“.

Aber Jobst Heinrich Meier soll nicht nur mit starken Muskeln und Knochen gesegnet gewesen sein. In der Gemeinde wurde auch sein Rat gern gehört und beachtet. Einmal soll er sogar, um die Interessen seines Ortes zu vertreten, in Audienz bei König Georg II. empfangen worden sein, als derselbe im Jahre 1732 in Hannover anwesend war.
Bei guter Gesundheit erreichte Meier das hohe Alter von neunzig Jahren und hinterließ neun Kinder.

Nach Fr. Meissel

Von den „gläunigen Männeken“

In früheren Zeiten teilte sich die Weser an manchen Orten in mehrere Arme auf, was zur Folge hatte, daß den Bauern der anliegenden Orte saftige Wiesen und fruchtbares Ackerland verloren gingen. Doch auch eine Nutzung der von den Wasserarmen umschlossenen Inseln, die man hierzulande Werder nennt, war sehr umständlich, da man sie nur mit Booten erreichen konnte. So suchte man schon damals, den Strom in einen einzigen Wasserlauf zu zwingen. Doch das war sehr schwierig und eine recht umfangreiche Arbeit; denn Baumaschinen und Bagger, wie heutzutage, gab es noch nicht, und ein „Kraftmeier“, wie in Tündern, war sicher selten zu finden.

Es floß in damaliger Zeit ein Arm der Weser diesseits der Wehrberger Warte an der Ützenburg vorüber. Von ihm ist heute noch eine Erdsenke festzustellen. Hier wurde dem Flusse eine andere Richtung gegeben, indem man ein neues Flußbett jenseits der Warte grub.

Der mit dieser Aufgabe beauftragte Unternehmer scheint ein sehr kluger und erfahrener Mann gewesen zu sein. Er erledigte seine Arbeit in einer solch kurzen Zeit, daß niemand glaubte, es habe mit rechten Dingen zugehen können. So nimmt es denn nicht wunder, daß darüber eine Sage entstand, in welcher dem Unternehmer unterstellt wird, er habe einen Pakt mit dem Teufel geschlossen und diesem seine Seele für Hilfe bei der großen Arbeit verschrieben. Am Tage habe man nämlich keine Arbeiter schaffen sehen, doch bei Nacht hätten „gläunige Männeken“ das neue Flußbett gepflügt. Es gab sogar eine Anzahl Leute, die bereit waren, zu schwören, daß

Vertr

sie, als sie nachts dort vorüberkamen, diese geisterhaften Gestalten wahrhaftig und mit eigenen Augen gesehen hätten. Sie hätten dann schnell ein Kreuz geschlagen oder ein Vaterunser gebetet, damit sie nicht in den Bann des Bösen gerieten.
Mit dieser Sage hängt es wohl zusammen, daß man sich fast bis auf den heutigen Tag erzählte, daß es zwischen Wehrbergen und Fischbeck spukt. – Zum Glück wird in keiner Chronik und Gerichtsakte davon berichtet, daß der verdächtige Bauunternehmer als Hexenmeister angeklagt und verurteilt wurde, was ihm damals leicht hätte geschehen können.

Die Entstehung der Weserberge

Vor unendlich langer Zeit sollen Riesen auf der Erde gelebt haben, die um vieles größer waren als wir uns vorstellen können. Dabei spielten sie anscheinend so gern, wie es heute die Kinder der Menschen tun. Doch an Stelle der Sandburgen, die unsere Kinder im Urlaub am Meeresstrand bauen, schütteten sie hohe Berge auf, gruben tiefe Täler und leiteten Flüsse und Bäche hindurch, wie es sie heute noch gibt.
Wie die Riesen einmal den Harz und darin den großen Brocken bauten, holten sie dazu Bausteine, Geröll, Sand und Erde weit von der Nordsee her. Das trugen sie natürlich nicht im Sacke über Land, sondern einer von ihnen hatte bereits das Rad und die Schiebkarre erfunden. In diese packten sie alles hinein, das kleine Gerümpel zuunterst, und darüber rollten sie dann die Felsblöcke.
Doch der Boden ihrer Schubkarren war nicht ganz dicht, und wie sie vom Meere bis zu ihrer Baustelle fuhren, rieselte der Meereskies und das dünne Steingeröll, auch etwas Sand und Erde, durch die Ritzen.
Als die Riesen dann den Harz und den Brocken darin endlich fertig hatten, da waren so ganz nebenbei durch den unterwegs verlorenen Kies die Weserberge mit entstanden.
Es ist nur gut, daß es zu der Zeit in der Hamelner Gegend noch keine Menschen gab. Die hätten dabei sonst ja allerlei auf ihre Köpfe bekommen.

Nach Fr. Meissel

Der Hüne von der Obensburg

Die Nachfahren der bergebauenden Riesen werden die Hünen gewesen sein, die wesentlich kleiner waren als diese, doch immer noch viel, viel größer als es heutzutage die Menschen sind. Sie hausten auf den Bergeshöhen. In unserer Gegend soll jeweils einer auf dem Klüt, dem Ith, der Waldau, der Ottensteiner Hochebene und bei der Steinmühle an der Weser gewohnt haben.

Hier soll von dem Hünen auf der Obensburg die Rede sein. Dort oben auf dem Berge befindet sich eine Senke, welche heute noch die Hünenkuhle genannt wird, in der er der Sage zufolge gewohnt hat. Wie die Überlieferung berichtet, war er mit dem Hünen vom Klüt eng befreundet und hat mit ihm gemeinsam gemahlen und das Brot gebacken.

Einst wollte nun der Obensburger Hüne den ihm auch gut bekannten Hünen auf dem Ith besuchen, der dort am „Mönnekenstein“ sein Zuhause hatte. So wanderte er denn in Richtung auf die Bavenser Mühle zu. Mit der Zeit bemerkte er, daß ihn etwas im Schuh drückte und er anfing zu hinken. So setzte er sich denn an einen Hang am Fuße der Obensburg und schüttete aus auf die Erde, was sich in seinem Schuh befand.

Und was dann herausfiel, das ist der große Stein, der noch heute unterhalb der Obensburg liegt.

Die Weissagung vom Tod des Drusus

Zur Zeit des Kaisers Augustus verlief die Grenze des römischen Reiches zu den nichtunterworfenen germanischen Stämmen am Rhein und an der Donau. Sie bildete einen weiten Winkel und war dadurch lang und schwer zu verteidigen. Ständig gab es hier Unruhen und Angriffe. Auch war das Eindringen der Kimbern und Teutonen, welche die Römer an den Rand der Niederlage brachten, noch nicht in Vergessenheit geraten.

Daher beabsichtigte Augustus, seine Herrschaft bis an die Elbe auszudehnen und dadurch den Grenzverlauf erheblich zu verkürzen. Um dieses Ziel zu erreichen, schickte er seinen Stiefsohn Nero Claudius Drusus nach Gallien, wo dieser den Feldzug zur Unterwerfung Germaniens vorbereitete. In vier Kriegszügen stieß Drusus danach siegreich bis zur Weser und schließlich im Jahre 9 vor Christi Geburt bis an das Ufer der Elbe vor.

Aus jener Zeit berichtet eine Sage, daß Drusus während dieses letzten Feldzuges nahe der Weser sein mit Wall und Graben umgebenes Lager aufgeschlagen hatte. Es soll dort gewesen sein, wo sich heute das Dorf Hilligsfeld befindet. Bevor er mit seinem Heere weiter nach Osten hin aufbrach, wobei ihm doch wohl Bedenken gekommen waren, ließ er eine germanische weise Frau zu sich in das Lager bringen. Er hatte von ihrer Fähigkeit, die Zukunft vorherzusagen, gehört und wollte von ihr sein Schicksal erfahren. Nachdem sie ihr Orakel befragt hatte, warnte sie den Feldherrn und beschwor ihn, seinen Weg nicht fortzusetzen, sondern umzukehren, da es sonst seinen sicheren Tod bedeuten würde. Doch Drusus hatte von seinem Kaiser den Befehl bekommen, bis an die Elbe vorzu-

dringen. So mußte er ihre Warnung mißachten und brach mit seinem Heere auf. In mühevollen Märschen und Abwehr von Überfällen erreichte er auch schließlich die Elbe.
Aber auf dem Rückweg ereilte ihn dann doch, so wie es ihm geweissagt wurde, sein Schicksal. Er stürzte vom Pferde und starb an den Folgen der Verletzungen, die er dabei erlitt.

In der Saubache

In früherer Zeit zog sich an der Seite des Exerzierplatzes vor dem Neuen Tore ein Gehölz hinunter, das von dem Bache, der es durchfließt, den Namen „In der Saubache“ erhalten hatte.
Dieser Ort war in der ganzen Gegend verrufen, denn es hieß, daß dort der Geist eines Mörders umginge, und niemand ging am Abend oder gar in der Nacht gern allein durch die Saubache.
Es wird erzählt, daß hier vor Zeiten – niemand weiß mehr, wann es geschehen ist – ein schauriges Verbrechen verübt worden sei. Der Mörder hätte in diesem Gehölz seinem Opfer aufgelauert und es erschlagen. Danach hätte er ihm den Kopf abgetrennt und den Leichnam dort im Walde begraben.
Wer den Mord verübte, ist niemals entdeckt worden, und so konnte der Täter nicht der gerechten irdischen Strafe zugeführt werden. Statt dessen muß er, um die Tat zu sühnen, alle Jahre wieder in derselben Nacht, in welcher die Untat verübt wurde, sein Opfer in der Saubache auf einem Schiebekarren bergan schieben. Aber kaum ist er einige Schritte hinaufgefahren, so rollt der Kopf aus dem Karren den Berg wieder hinunter. So muß denn der Missetäter alle Augenblicke anhalten und den Kopf wieder zurückholen.
Wenn es dann vom Turm des Münsters endlich ein Uhr schlägt, ist er noch nicht weit von der Stelle gekommen, wo er angefangen hat. Der Mörder, so heißt es, findet aber nicht eher Ruhe, bis er den Erschlagenen auf den Gipfel der Anhöhe gefahren hat, und das mag so noch viele Jahre dauern.
Leute, die in dieser bestimmten Nacht des Jahres hier vorbeigekommen sind, behaupten fest, daß sie den Mann mit der Schiebkarre

deutlich gesehen hätten, und auch unheimliche Geräusche wären im Walde zu vernehmen gewesen, so daß sie entsetzt geflohen seien und froh gewesen wären, die Häuser der Stadt wieder erreicht zu haben.

Die Ützenburg

Der altehrbare Stand der Ritterschaft verarmte zum Teil im späteren Mittelalter zu den berüchtigten, in Sagen überlieferten Raubrittern.
Solches wird denn auch von Hameln berichtet, in dessen Nähe, dicht unterhalb der Stadt weserabwärts, sich auf einer steilen Anhöhe die Ützenburg befand. Dort soll der Ritter Hans von Ütze, wie manche seiner Standesgenossen, das „unedle Handwerk des Raubens" betrieben haben.
„Ruten un roven, dat is ghein Schande,
dat doynt de besten von dem Lande."
Das war der Wahlspruch, nach dem er handelte.
Er überfiel mit seinen Knechten die zur Stadt reisenden und von dort kommenden Kaufleute, nahm ihnen ihre Ware und ihr Geld weg und sperrte sie in das Verlies seiner Burg, wo sie bei Wasser und Brot gefangen gehalten wurden, bis von ihren Angehörigen für sie ein hohes Lösegeld gezahlt wurde.
Auch die Schiffe auf der Weser waren vor ihm nicht sicher. Um ihrer habhaft zu werden, hatte er von seinen Leuten eine Kette durch den Fluß ziehen lassen, die mit einer Glocke auf der Burg in Verbindung stand. Kam nun ein Schiff die Weser herauf oder herunter, verfing es sich an der Kette, und auf der Burg schlug die Glocke Alarm. Sobald man dieses Zeichen hörte, eilte der Ritter mit seinen Spießgesellen hinunter an die Weser und plünderte das Schiff aus. Wer sich von den Schiffsleuten widersetzte, riskierte Leib und Leben. Obwohl der Raubritter doch wissen mußte, wie schlecht sein Ruf war, unterstand er sich, um die Tochter des Grafen von Bühren zu

werben. Dieser jedoch lehnte mit Empörung ab, ausgerechnet dem Hans von Ütze seine Tochter zur Frau zu geben.
Die Hamelner Bürger mußten lange Zeit hindurch große Nachteile durch die Räuberei und Wegelagerei, die von der Ützenburg ausging, hinnehmen. Allein konnten sie gegen die starke Befestigung nichts ausrichten. Daher verbanden sie sich in ihrer Not mit anderen Orten in der Nachbarschaft. So gelang es ihnen mit vereinten Kräften, das Räubernest zu erobern. Sie zerstörten die Burg so gründlich, daß von ihr nichts als die Grundmauern übrig blieb. Ein Wiederaufbau wurde niemals versucht.
Neueren Forschungen zufolge soll die Ützenburg allerdings lediglich eine Fluchtburg gewesen sein, wie es in dieser Gegend mehrere gibt. Dann wäre der Ritter Hans von Ütze also eine echte Sagenfigur.

Ein Mord im Siebenjährigen Krieg

In Dokumenten aufgezeichnet und so überliefert ist ein Ereignis, welches sich während des Siebenjährigen Krieges vor dem Neuen Tore der Stadt Hameln ereignete.
Es geschah am 20. Dezember im Jahre 1761, als ein Bückeburger Stückjunker, wie man einen bestimmten Dienstgrad bei der Artillerie damals nannte, und ein Adjutant von der gleichen Truppe durch das Neue Tor aus der Stadt Hameln kamen. Beide hatten, wie es unter Soldaten vorkommen soll, dem Bier und Branntwein so kräftig zugesprochen, daß sie ihrer Sinne nicht mehr ganz mächtig waren und auch wohl nicht wußten, wie sie in diesem Zustand zu Fuß zu ihrer Truppe zurückkommen konnten.
Da schien es ihnen, als ob sie Glück hätten, denn sie trafen auf einen Trupp Bauern, denen befohlen war, Fuhrdienst zu leisten und die nun mit Pferden und Wagen auf den Befehl zum Abmarsch warteten. Kurzerhand begannen die beiden Soldaten damit, für jeden von ihnen ein Pferd auszuspannen, das sie als Reittier benutzen wollten.
Wen wundert es, daß die Bauern davon nichts wissen wollten und sich heftig widersetzten. In diesen Kriegszeiten war mit Sicherheit anzunehmen, daß sie ihre Pferde niemals wiedersehen würden.
So entspann sich dann zunächst ein Handgemenge, das aber bald in eine Schlägerei ausartete, wobei ein Bauer den Stückjunker am Auge verletzte. Dieser wurde daraufhin so wütend, daß er seinen Degen zog und damit den Bauern schwer verwundete. Die anderen Bauern nahmen dann im weiteren Verlauf der Auseinandersetzung dem Adjutanten den Hut und seinen Degen weg und eilten damit

fort, der Stadt zu. Der Stückjunker und der Adjutant nahmen die Verfolgung auf, um ihr Eigentum zurückzuerlangen, denn selbst in ihrer Betrunkenheit war ihnen klar, welche Schande es für sie bedeuten würde, ohne Kopfbedeckung und Waffe bei ihrer Truppe wieder anzukommen.

Als sie das Stadttor erreicht hatten, wurden sie jedoch von der Wache festgenommen und in Haft gebracht. Zu ihrem Unglück verstarb der durch den Degenstich verletzte Bauer zwei Tage später. So kam es, daß die beiden Soldaten vor Gericht gestellt und wegen Mordes angeklagt wurden.

Nach monatelanger Untersuchungshaft wurde Ende März des Jahres 1762 das Urteil gesprochen. Der Adjutant wurde degradiert und wie es damals hieß, „cum infame cassieret“, was so viel bedeutet wie „in Unehre entlassen“. Dazu kam er für sechs Jahre ins Karrengefängnis. Der Stückjunker aber, der doch den Tod des Bauern verschuldet hatte, hat nur bis zum Jahre 1763 im Gefängnis gesessen. Dann glang es ihm, zu entfliehen.

Der „Kattenwinkel“

In früherer Zeit lag an der Humme bei Wangelist ein Dorf mit Namen Nienstedt, zu welchem auch eine Mühle gehörte, welche durch das Wasser der Humme angetrieben wurde. Das Dorf und die Mühle sind durch Kriegsereignisse zerstört und wüst geworden. Sie wurden niemals wieder aufgebaut. Der Ort, an dem das Dorf sich einmal befand, hieß später der „Kattenwinkel“. Es war ein verrufener Ort, und es wurde gemunkelt, daß dort bei nacht Geister ihr Unwesen trieben.

Gerade dort, wo einst die Nienstedter Mühle gestanden hatte, suchte, wie aus einer Urkunde des Jahrs 1653 zu entnehmen ist, das Stift in Hameln nach, eine Schleif-, Öl-, Boke- oder Papiermühle errichten zu dürfen. Da diese dann niemals gebaut wurde, ist anzunehmen, daß vom Rat die Genehmigung versagt wurde.

Vor einigen hundert Jahren lebte nun in Klein Berkel ein Mann, von dem behauptet wurde, daß er die Zukunft vorhersagen könnte. So erzählte er den Leuten seiner Nachbarschaft, er habe dort im verrufenen Kattenwinkel einen lichten Schein gesehen, der ausgesehen habe, als käme er von einem großen hellerleuchteten Gebäude her. Und daraus sagte er vorher, daß an dieser Stelle einmal eine große Fabrik gebaut werden würde, deren Lichter man bis nach Klein Berkel hin sehen könnte und die vielen Leuten Arbeit und Brot geben würde.

Wenn auch lange nach seinem Tode, so scheint seine Prophezeiung eingetroffen zu sein, denn im Kattenwinkel wurde wirklich eine große Papierfabrik gebaut.

Die Brüdersteine

Aus Liebe zu demselben Mädchen ist nicht nur in Aerzen, wo der „Wolfstein" an ein schreckliches Ereignis erinnert, aus brüderlicher Zuneigung tödlicher Haß geworden. Auch in Hameln, so wird in einer Sage berichtet, soll dieses geschehen sein. Zum Gedenken daran sind am „Schöt" zwei fast meterhohe Steine aufgestellt worden. Auf ihnen ist weder eine Inschrift noch eine Jahreszahl, sondern nur jeweils ein Kreuz eingehauen. Sie werden die „Brüdersteine" genannt.

Es wird erzählt, daß sich an diesem Orte zwei Brüder gegenseitig umgebracht hätten. Beide waren in dasselbe Mädchen verliebt, und jeder von ihnen glaubte, ohne sie nicht leben zu können.

Eines Tages, es war im Sommer bei der Erntearbeit, entbrannte zwischen ihnen der Streit. Zunächst war es nur ein heftiger Wortwechsel, aus dem ein Handgemenge entstand, und schließlich gingen sie mit ihren Sensen aufeinander los. Dabei haben sie sich dann so schwer verletzt, daß beide ihren Verwundungen erlegen sind.

Sicher ist damals die Frage entstanden, ob man die beiden Brüder nach ihrer schrecklichen Tat auf dem Friedhof bei der Kirche begraben durfte, denn schließlich hatte ja einer den anderen getötet. So wurden sie dann am Orte ihres Streites beerdigt.

Das Mädchen aber, dessentwegen die Brüder sich gegenseitig umgebracht hatten, bewahrte ihnen seine Liebe und schmückte alle Jahre hindurch die Gedenksteine mit Kränzen aus Waldblumen. Auch später noch geschah das Bekränzen der Steine von unbekannter Hand.

Die große Pfanne

Auf dem Klüt, nicht weit entfernt vom Finkenborn, liegt mitten im Wald eine muldenförmige Vertiefung, welche im Volksmund „die große Pfanne“ genannt wird. In ihrer Mitte stand früher eine mächtige Eiche, die so aussah, als hätte ihr ein Wirbelsturm die Krone abgedreht. Da sich aber auch die ältesten Einwohner Hamelns nicht daran erinnern konnten, daß dieses irgendwann einmal bei einem Sturm geschehen wäre, ist es nicht verwunderlich, daß eine Sage diese ungewöhnliche Erscheinung zu erklären versuchte. Unter jener riesigen Eiche, welche zu dieser Zeit noch ihre stolze Krone besaß, soll in grauer Vorzeit einmal ein großer kostbarer Schatz vergraben worden sein, nach dem bereits viele Leute gesucht hatten; doch gefunden hatte ihn noch niemand.
Es waren aber einmal zwei mutige junge Burschen in Hameln, die entschlossen waren, den Schatz zu heben.
„Das muß doch mit dem Teufel zugehen, wenn wir das Gold nicht finden würden!“ sagte der eine zum anderen. Kaum hatte er es ausgesprochen, da stand der Böse auch schon leibhaftig vor ihnen, genau, wie er immer beschrieben wurde, mit Hörnern wie ein Ziegenbock, am ganzen Körper haarig und mit einem langen Kuhschwanz. Selbst der Pferdefuß fehlte ihm nicht.
„Ihr habt mich gerufen! Was wollt ihr von mir?“ fragte der Teufel. Nachdem sich die Burschen vom ersten Schreck erholt hatten, antworteten sie mutig:
„Den Schatz in der großen Pfanne heben.“
„Wenn ihr mir dafür eure Seelen verschreibt, werde ich euch helfen, ihn zu finden. Doch könnt ihr die Seelen dennoch retten, wenn es

euch gelingt, beim Ausgraben des Schatzes kein einziges Wort zu sprechen. Wenn ihr das vermögt, soll unser Vertrag ungültig sein."

So kam der Vertrag zustande, und die beiden jungen Männer unterschrieben ihn mit ihrem Blute. Der Teufel aber war sich seiner Sache ganz sicher, denn er kannte die Geschwätzigkeit der Menschen.

Als nun die Nacht gekommen war, in welcher der Schatz gehoben werden sollte, verbarg sich der Teufel in den untersten Ästen der mächtigen alten Eiche und horchte genau hin, damit ihm kein Wort entgehen möge.

Doch die beiden Burschen waren nicht nur mutig, sondern konnten auch ihre Zunge im Zaum halten. Und so gelang es ihnen, den Schatz zu bergen, ohne dabei ein einziges Wort zu verlieren. Eilig, und weiterhin schweigend eilten sie mit ihrer Truhe voll Gold davon, bis sie die Stadt erreichten und ihnen der Teufel nichts mehr anhaben konnte.

Das hatte der Böse nicht erwartet, und es packte ihn eine so unsagbare Wut, daß er die Krone der riesigen Eiche ergriff und sie abdrehte.

De fliehende Rott

Auf dem Hügel zwischen Hastenbeck und Voremberg, wo der Feldweg hinüberführt, erzählte der alte Bauer Jürgen Lembke:
„Düt is de Stäe, de se de fliehende Rott nömt. Ut de Slacht bi Hastenbeck schrift sick dat her. Mien Grotvader vertelle dat öfters, und de hat et vun sienen Vader, de de ganze wilde Jagd sülmst erlewt hat. Dat wär in den Ogenblick, sä he ümmer, as uns brav Oberst Bredenbeck sick up de Obensborg von achtern an de Franzosen heransleken harr. Wie de Stormwind fölln wi öäber jem her und haun jem in de Witte Grund tosam'n. Wat noch Föt unner sick un de Kopp baben harr, dat knep ut un lep up düs Höchten herup. Awers de meisten gung unnerwegs de Pust ut.
Grad so as datomals lopen de Geister noch jidwer Nacht twischen elwe und twölwe ut de Witt Grund de Barg herup. Dat hew ick sülmst erlewt, as ick emal um de Tit hier gung. Ick hör en Gröäl'n un Störten, en Trappeln un Gestän, dat mi de Haar to Barg stunn'n, gah awers ruhig vörwarts. Mit ens krabbelt wat up mien Puckel: da noch een, noch een.
Nimm mi mit! Mi! Mi!
Ick ank, ick stän, ick snuw, ick strow. Endlich bün ick baben, und de Sweet löpt mi de Balg hendal, da hör ick dat achter mi: Nu könn'n wir ja woll afhucken! – un alles is verswunnen."

J. C. Nier

Die Fliehende Rott

Auf dem Hügel zwischen Hastenbeck und Voremberg, wo der Feldweg hinüberführt, erzählte der alte Bauer Jürgen Lembke:
„Dies ist die Stelle, welche sie die ‚Fliehende Rott‘ nennen. Aus der Schlacht bei Hastenbeck leitet sich das her. Mein Großvater erzählte öfter davon, und der hatte es von seinem Vater, der die ganze wilde Jagd miterlebt hatte.
Das war in dem Augenblick, sagte er immer, als unser braver Oberst von Breitenbach sich über die Obensburg von hinten an die Franzosen herangeschlichen hatte. Wie ein Sturmwind fielen wir über sie her und hauten sie in dem ‚Witte Grund‘ zusammen. Wer noch Füße unter sich und den Kopf oben hatte, der kniff aus und lief auf diese Höhe hinauf. Aber den meisten ging unterwegs die Luft aus.
Gerade so, wie damals, laufen die Geister noch in jeder Nacht zwischen elf und zwölf Uhr aus dem ‚Witte Grund‘ den Berg hinauf. Das habe ich selber erlebt, als ich einmal in dieser Zeit hier ging. Ich hörte ein Gröhlen und Stürzen, ein Trappeln und Gestöhn, daß mir die Haare zu Berge standen, ging aber ruhig vorwärts weiter. Mit einem Mal krabbelte einer auf meinen Rücken, da noch einer und noch einer.
‚Nimm mich mit! Mich auch! Mich auch!‘
Ich ringe nach Luft, ich stöhne, ich schnaube, ich strauchele. Endlich bin ich oben, und der Schweiß läuft mir am Körper herunter. Da höre ich es hinter mir:
‚Nun können wir ja wohl herunterspringen!‘
Und alles ist verschwunden.“

Das Goldfeuerchen am Bütebrink

Auf der Obensburg, die früher Odinsburg hieß, soll man, wie aus einer Sage zu erfahren ist, in alter Zeit bisweilen ein flackerndes, golden schimmerndes Feuer gesehen haben.

Es wird erzählt, daß dort oben am Bütebrink auf dem Hünenplacken ein schlafender Drache gelegen habe, der einen Goldschatz bewachen sollte. In dunklen Nächten konnte man den Atem des Drachen feurig aufglühen und seine Augen höllisch funkeln sehen. Die Sage verkündet weiter, daß diesen Schatz nur ein schweigsamer Mann würde gewinnen können. Nun, das Schweigen ist heute immer noch eine ebenso seltene Tugend wie damals.

Doch soll es zu jener Zeit zwei mutige Jungen gegeben haben, die fest glaubten, daß sie die große Kunst des Schweigens beherrschten. Sie stammten aus Bisperode und waren überzeugt, den Feuerdrachen auf der Obensburg überlisten zu können, ohne ein einziges Wort miteinander zu sprechen.

In finsterer Nacht brachen sie auf und bestiegen den Berg. Leise schlichen sie sich heran, ohne daß der Drachen etwas bemerkte und erwachte. Ja, es gelang ihnen sogar, den Goldschatz vorsichtig und schweigend auszugraben und sich sacht davonzustehlen.

Die Truhe mit dem Gold darin war aber so schwer, daß sie einem der beiden Jungen aus der Hand zu gleiten drohte, was ihn so erschreckte, daß er ausrief: „Hol fast!“

Bei diesen Worten erwachte der Drachen, entriß ihm die Truhe und zog sie zurück in die Tiefe der Erde.

Erschreckt liefen die Schatzgräber davon, so schnell sie konnten, und es gelang ihnen mit knapper Not, ihr Leben zu retten. Hiernach hat niemand wieder versucht, den Schatz zu erwerben.

Krischan Bornholm ut Afferde

Christian Lücke hieß er in Wirklichkeit und war ein in der ganzen Gegend bekannter und von den meisten geschätzter Bauer aus Afferde. Von seiner körperlichen Kraft, seinem goldenen Humor, seinem schlagfertigen Witz, aber auch von seiner Gutmütigkeit wird manche Geschichte erzählt.

Von den zehn Kindern seiner Eltern, des Vollmeiers Levin Wilhelm Lücke und dessen Ehefrau, war er der einzige Überlebende und somit der Hoferbe, ein bedrückender Hinweis auf die hohe Kindersterblichkeit zu jener Zeit. Er wurde am 13.1.1779 geboren. Er war ein wahrer Riese von Gestalt, hatte blondes Haar und blaue Augen, war breitschultrig und muskulös, wie man so sagt, ein Niedersachse und Kalenberger Bauer von „altem Schrot und Korn". Seinen Haarschopf trug er in die Stirn gekämmt. Sah er jemand, der das Haar nach hinten trug, strich er es ihm herunter mit den Worten: „Sau mot dat sitten." Seine Umgangssprache war Plattdeutsch, und sein Spitzname „Bornholm" hatte sicher nichts mit der gleichnamigen dänischen Ostseeinsel zu tun. So grobschlächtig er manchmal wirkte, so gutmütig war er dennoch.

So kam es einmal vor, daß ihn ein Armer des Dorfes Afferde an einem besonders kalten Wintertag um ein warmes Stück Zeug bat. Wie selbstverständlich holte Christian seine teure dicke Friesjacke, die er eben erst von seiner Frau zu Weihnachten bekommen hatte, und schenkte sie ihm mit den Worten: „Da, nümm dä man hen, dä hölt schön warm!" Als seine Frau daraufhin hereinstürmte und lamentierte: „Krischan, wat hest du denn nu wedder maket. Hest du denn diene nie Jacke verschenket?" erwiderte Lücke, als ob eine

andere Möglichkeit gar nicht bestanden hätte: „No, wat sall hei denn mi ner olen, da kann hei ja nix mit maken."
Verweichlichung konnte Bornholm nicht vertragen. Beim Dreschen im Winter wurden morgens früh um vier oder fünf Uhr erst einmal nüchtern mit Dreschflegeln im Takt acht Lagen auf der Hausdiele abgedroschen. Dann ging der Hausherr mit einem großen Brot reihum und schnitt jedem Drescher, auch seinen vier Töchtern, die ebenfalls beim Dreschen helfen mußten, einen handfesten Ranken ab, der ohne alle Zutaten verzehrt wurde. Nur die Männer, die Döschekierls, wie man sie nannte, erhielten einen Schnaps dazu. Die Mädchen schlichen dann wohl in die Küche und ließen sich von der Mutter ein Köppchen Kaffee einschenken. Wenn Lücke das aber gewahr wurde, grollte er zu seiner Frau hin:„Ja, dat is recht, mak du da man rechte Apen von."
In jener Zeit, als Napoleon auch hier in dem von ihm gegründeten „Königreich Westfalen" Rekruten ausheben ließ, stand auch Christian Lücke auf der Liste der Wehrpflichtigen, was ihm gar nicht paßte, denn es ging ihm gegen den Strich, sein Leben für Frankreich einzusetzen. Da erfuhr er zufällig, daß Gewerbetreibende in Ernährungsbetrieben und ihre Gehilfen nicht eingezogen wurden. Kurzentschlossen trat er in einer Hamelner Bäckerei eine Stelle als Lehrling an. So ist er sicher bis auf den heutigen Tag der älteste und wohl auch größte Bäckerlehrling der Stadt Hameln geblieben.
Krischan Bornholm war nicht nur ein guter Gesellschafter, der es verstand, Fröhlichkeit zu verbreiten. Es kam auch vor, daß seine Scherze, die er mit manchem trieb, etwas derb waren und von denen, die ihn nicht kannten, übelgenommen wurden. So war es in einer Hamelner Gastwirtschaft einmal schließlich so weit gekommen, daß ihn eine Gruppe von sieben Mann verprügeln wollte. Da

stand er am Tische auf in seiner ganzen Größe und brüllte sie an: „Wat, je willt mek her tau Liewe? Mit jök Klaters will ek woll noch speelen! Täuwet noch en betten, ek mot erstemal noch iutträen gan!“ Damit hing er seine Jacke und Mütze an einen Haken und verschwand. – Vorsichtshalber kehrte er jedoch nicht zurück, denn sieben gegen einen, das schien ihm denn doch zuviel, und Vorsicht ist bekanntlich auch eine Tugend. Aus dieser Begebenheit, nämlich dem Verschwinden in Not auf die Toilette, ist in der Folge ein Wort entstanden, das sich bis auf den heutigen Tag erhalten hat, hier aber nicht wiederholt werden soll.

Wie bei dieser Gelegenheit, war Lückes Geistesgegenwart stets groß. Als ihn eines Tages eine riesige wütende Dogge anfiel, rettete er sich vor dem rasenden Tier, indem er ihm eine Elle, einen Meßstab, die er zufällig in der Hand hatte, wie einen Speer in den offenen Rachen warf, und ehe sich der Hund davon befreien konnte, gelang es ihm, sich in ein Haus zu flüchten.

Als freier Bauer auf eigener Scholle konnte Christian Lücke den Standesdünkel mancher Adeliger nicht ausstehen. Eines Abends ging er mit dem Baron von Rheden-Hastenbeck von Hameln aus durch die Kornfelder nach Hause. Da fragte ihn der Baron, wohl um ihn anzuulken: „Herr Lücke, wie kommt es eigentlich, daß manche Ähren so herunterhängen, und andere stehen so risch und halten den Kopf in die Höhe?“ Darauf antwortete Lücke schlagfertig: „Ja, Herr Baron, dat will ek Sei seggen. Dä da so risch stahn, dat sünd dä Junkerähren.“ – „Wieso Junkerähren?“ fragte der Freiherr zurück. Darauf Lücke: „No, dä hebbet nix in’n Koppe, darümme börnt se den Kopp sau taur Höchte.“

Auf der Rückfahrt von Hameln dachte Lücke eines Tages, seinen Freund, den Müller von Rohrsen, zu besuchen, in der Hoffnung,

dort zu einer guten Vespermahlzeit eingeladen zu werden. Aber zu seiner Enttäuschung waren Haus und Mühle verschlossen. Alles Klopfen und Rufen half nichts. Doch das Mühlrad ging, also mußte jemand im Hause sein. „Teuf", sprach Bornholm zu sich, „ji schallt woll upmaken." So ging er an das große hölzerne Mühlrad, das sich langsam im Wasser drehte und schob seine Schulter unter die Radschaufel, und wirklich konnte er das Rad halten, und die Mühle stand still. Da ging dann bald die Tür auf, und der Müller stürzte herbei, um zu sehen, was da passiert war. „Krischan!" schrie er, „büst du dat? Un du hest dat Möhlrad uppeholen! Dat is ja woll nich minschenmöglich!" Da zieht Lücke lachend seine Schulter unter dem Rad weg und sagt: „Ja, Hinrich, wenn du nich upmakest, denn sau mot ek'r woll mal hinderkomen. Aber en Vesper hebbe ek mek nu woll verdeint."

Eine weitere Kraftprobe lieferte Krischan Bornholm bei einer Wette gegen einen Schiffer aus Heinsen, der feingemahlenen Duxstein, der damals zum Düngen benutzt wurde, nach Hameln brachte. „Krischan", sagte der Schiffer, „du büst'n höllsch starken Kärl, dat weit ek woll, aber sau'n Sack Dux, den huckest du doch nich up un sleepest 'ne von'n Schipp up dien Wagen." „Wat", sagt Lücke, „sau'n lüttchen Pucken? Dat will ek dek wiesen. Wat schall de Wedde kosten?" – Du schast düt ganze Schipp vull Dux vor ummesüß hebben, wenn du mek dat vormakest. Her, klappe in!" – Krischan schlug ein, ging in das Schiff, spuckte in die Hände und ruckte so lange an dem Sack, bis er die Last von zweieinhalb Zentnern auf dem Buckel hatte und sie auf seinen Wagen geladen hatte. „Wat seggste nu, Fritze", ruft er keuchend, „ek hebbe wunnen!" Der Schiffer aber brach verzweifelt fast in Tränen aus: „Krischan, nu hest du mek tau'n armen Minschen emaket, nu

möttet miene Fru un Kinner beddeln gahn.“ „No“, entgegnete Lücke mitleidig, „da will ek nich schuld anne sien. Diene Ladung schast du beholen, aber dat will ek dek seggen, den Dux, den ek in düssen Jahr bruke, den schast du mek ummesüß geben.“ Da konnte der Heinser Schiffer nur sagen: „O wi girne!“ Aber eine Wette mit Bornholm hat er danach nie wieder gemacht.
Noch manche andere Geschichte wäre von Christian Lücke zu erzählen. Doch mag es hiermit genug sein.

Nach C. Brandt
aus „Geschichte des Dorfes Afferde“

Die Zwerge auf der Wiese bei Tündern

Es war einmal vor langer Zeit, als eine Bauersfrau aus Holzen zusammen mit ihrem Mann im Garten Bohnen pflückte. Da gewahrte der Bauer plötzlich neben sich einen Zwerg, der sich auch ein paar Bohnen hatte holen wollen. Dabei war ihm seine Kappe, die ihn sonst unsichtbar machte, unversehens abgestreift worden. Schnell ergriff der Mann die Kappe, damit seine Frau den kleinen Wicht ebenfalls sehen sollte. Die Frau aber wollte nicht, daß sich der Zwerg ängstigte, half ihm beim Bohnenpflücken und legte noch etwas von ihrem Frühstücksbrot dazu in sein Körbchen. Da freute sich der kleine Mann, der inzwischen Zutrauen gefaßt hatte, bedankte sich und sprach:

„Nun sind wir Zwerge nur noch bis Sonntag bei euch in dieser Gegend. Dann versammeln wir uns alle aus dem ganzen Lande auf der großen Wiese bei Tündern und reisen dann über die Weser in ein anderes Land. Kommt doch dorthin um drei Uhr, dann werdet ihr uns sehen.“

Nachdem er das gesagt hatte, ging er an die Wiege des kleinen Kindes, das die Bäuerin mit in den Garten genommen hatte und legte ihm ein Goldstück auf das Kissen. Dann setzte er seine Kappe, welche der Bauer ihm zurückgegeben hatte, wieder auf und war sogleich unsichtbar.

Da war der Bauer aber neugierig, was es auf der Wiese bei Tündern wohl zu sehen geben würde. So machte er sich schon früh am Morgen auf den Weg, um rechtzeitig anzukommen. Lange Zeit saß er dann noch da und wartete, aber es war nichts zu sehen. Nur

manchmal schien es ihm, als hörte er von fern zarte Glöcklein klingen, fein und hell wie Silber.
Endlich schlug es vom Turm der Tünderner Kirche drei Uhr. Da sah er plötzlich die ganze Wiese von Zwergen belebt. Alle hatten ihre Käppchen abgesetzt, und jeder trug in der linken Hand einen Wanderstab und auf dem Rücken einen kleinen Rucksack. Mitten unter ihnen entdeckte er den Zwerg, dem seine Frau die Bohnen geschenkt hatte und der sich mit einem Goldstück bedankte, und beide winkten einander zu. Dann setzten alle Zwerge fast zur gleichen Zeit ihre Kappen wieder auf und waren sofort verschwunden.
Bei diesem Abschied wurde es dem Mann recht wehmütig ums Herz, und er zog betrübt nach Hause. Niemand aber hat jemals, weder in Holzen noch in Tündern, wieder Zwerge gesehen.

Der Mann ohne Kopf

Früher soll man oft spät am Abend den „Mann ohne Kopf“ in der Gegend des Stieges gesehen haben, der von Bisperode aus über die Obensburg nach Afferde und von da aus weiter nach Hameln führte.
Der gespenstische Mann tauchte an irgendeiner Stelle am Stiege auf und erschreckte die Leute, die da entlang kamen, durch seinen Anblick, doch Böses hat er nie jemandem zugefügt. Oft soll er in Begleitung einer Katze gewesen sein, die ihn dann verließ, sich dem Wanderer zugesellte und schnurrend vor ihm herlief. Im Stolle oder am Melkerweg, je nachdem in welcher Richtung der Wanderer ging, verschwand dann der Spuk so schnell, wie er gekommen war.
Eine andere Sage dieser Art geht auf die Schlacht bei Hastenbeck zurück, die am 26. Juli des Jahres 1757 stattfand. Demnach reitet ein „kopfloser Reiter“ nachts zwischen elf und zwölf Uhr über die Obensburg und sucht seinen Feldherrn. Gemeint ist wohl der Herzog von Cumberland, der vorzeitig das Schlachtfeld verließ und den Befehl zum Rückzug gab, gerade zu der Zeit, als die Obersten von Breitenbach und von Dachenhausen mit ihren hannoverschen Regimentern hier einen glänzenden Sieg errungen hatten.
Schlägt dann vom Kirchturm in Hastenbeck die Uhr Mitternacht, versinkt der „kopflose Reiter“ in einem der zahlreichen Massengräber auf der Höhe der Obensburg.

Der weiße Koch von der Obensburg

Wer in diesem Buche bis hierher gelesen hat, weiß, daß es eine ganze Reihe Sagen gibt, die von der Obensburg handeln. Sie sind vermutlich entstanden, weil sich hier in vorchristlicher Zeit ein germanisches Heiligtum befand, das dem Gotte Odin geweiht war. Doch auch das blutige Gemetzel in der Schlacht von Hastenbeck im Siebenjährigen Krieg, das in nächster Umgebung dieses Berges stattfand, hat das Entstehen von Sagen bewirkt.

Was aber ein Gespenst in Gestalt eines weißen Kochs, der auf einem kohlschwarzen Ziegenbock in der Gegend der „Mointe" auf der Obensburg in der Mittagszeit durch den Wald reitet, mit alle dem zu tun haben könnte, bleibt wohl unerklärlich.

Dennoch ist aus einer Grenzklageakte aus dem Jahre 1786 folgende Zeugenaussage zu entnehmen:

Jobst Heinrich Meyer, 79 Jahre alt, geboren in Diedersen, berichtet, es sei an der Odinsburg oberhalb der „Endepöhle" ein Schloß gewesen. Verschiedene Gemäuer, ein alter Schloßgraben und ein Brunnen, seien noch vorhanden. Er habe von seinem Großvater, dem Schafmeister Westphäling zu Diedersen, der über einhundertundfünf Jahre alt geworden sei, gehört, daß auf der „Großen Odinsburg" sich um die Mittagszeit ein Gespenst in Gestalt eines weißen Kochs, auf einem schwarzen Ziegenbock reitend, habe sehen lassen.

Vielleicht aber hat es der alte Schafmeister, als er eines Tages beim Hüten der Schafe eingeschlafen war, auch nur geträumt.

Der Schatzsucher auf der Weserbrücke

„Träume sind Schäume“ sagt ein altes Sprichwort, was bedeutet, daß man sie nicht beachten soll. Dennoch wird in manchen Sagen erzählt, daß jemand, der von einem Schatz geträumt hatte, diesen dann auch wirklich gefunden hätte. Von Hameln wird nun gleich von zwei Träumern berichtet, die sich auf der Weserbrücke trafen. Einer von ihnen war ein Bauer aus Holtershausen bei Einbeck mit Namen Brinkmann, welcher einen wunderlichen Traum hatte. Im Schlafe hörte er eine Stimme, die zu ihm sprach: „Geh auf die Hamelner Brücke! Dort wirst du ein reicher Mann werden!“

Nachdem er das zu seiner großen Verwunderung drei Nächte hintereinander geträumt hatte, war er schließlich überzeugt, daß das doch eine Bedeutung haben müßte. So wanderte er denn hin nach Hameln, obwohl es mitten in der Ernte war. Dort angekommen, stellte er sich auf die Weserbrücke und wartete auf die Dinge, die ihm im Traum verheißen wurden.

Doch so lange er auch dort herumstand, es geschah nichts. Nur einen vornehm angezogenen Mann sah er auf der Brücke hin- und hergehen, als ob dieser dort etwas suchte, das er verloren hatte. So wurde es Abend, und weder Brinkmann noch der Fremde hatten etwas gefunden.

Aber so einfach wollte Brinkmann noch nicht aufgeben. Dazu war der Weg nach Hameln zu weit gewesen, und darum stand er am nächsten Tage wieder auf der Brücke, wo er zu seiner Verwunderung auch den feinen Herrn erneut antraf, der ihn jetzt aber ansprach. Hochnäsig und von oben herab fragte er den Bauern: „Was steht ihr hier herum und haltet Maulaffen feil? Warum fahrt ihr euern Roggen nicht ein, bevor der nächste Regen kommt?"

Zögernd und verlegen antwortete Brinkmann, indem er seine Mütze in der Hand herumdrehte: „Ihr werdet es nicht glauben, Herr, und sicher darüber lachen, aber ich habe dreimal hintereinander ganz deutlich geträumt, daß für mich auf dieser Brücke ein Schatz verborgen wäre, und den hoffe ich nun hier zu finden."

Da lachte der Fremde höhnisch und verächtlich: „Einen solchen Unsinn habe ich noch niemals gehört. Aber ich habe auch einmal einen ähnlichen Traum gehabt, aber den Schatz, der darin vorkam, habe ich bis heute nicht bekommen. Ich träumte nämlich, in einem Orte, dessen Namen ich vergessen habe, ständen auf der Mönchsbreite am Litberge etliche alte hohle Bäume, und gerade unter der hohlen Eiche läge ein Schatz vergraben. Aber ich bin nicht so dumm, daß ich an einen solchen Unfug glaube und mir eines Traumes wegen die Finger schmutzig mache."

Brinkmann traute seinen Ohren nicht, wie er das hörte, und beinahe wäre es aus ihm herausgeplatzt, daß die Mönchsbreite am Litberge ja sein eigener Grund und Boden war. Gerade noch rechtzeitig konnte er die Hand vor den Mund bekommen und seine Worte herunterschlucken.

So schnell er nur konnte, eilte er nun nach Holtershausen zurück, holte, als es dunkel geworden war, Hacke und Spaten aus dem Schuppen und begann am Fuße der Eiche zu graben und zu wühlen, daß ihm der Schweiß vom Buckel lief. – Und wirklich fand er nach geraumer Zeit die Truhe mit Gold, von der er geträumt hatte.

Über Nacht war der Bauer Brinkmann also plötzlich reich geworden. Da mußte natürlich schnell eine prächtige Kutsche mit schönen glatten Pferden her, hübsche teure Kleidung für die ganze

Familie wurde gekauft, und dann wurden Feste gefeiert, zu denen das ganze Dorf eingeladen wurde. Personal kam ins Haus, und jeden Tag war Sonntag. Da dauerte es dann gar nicht lange, und das ganze viele Geld war unter die Leute gebracht – wie gewonnen, so zerronnen.

Es ging Brinkmann nicht anders als so manchem, dem Reichtum, welcher nicht mühsam erarbeitet ist, wieder durch die Finger rinnt.

Das Zwergengold

Vor langer Zeit, als die Zündhölzer noch nicht erfunden waren, hatte man stets seine liebe Not, wenn das Feuer im Herd aus Unachtsamkeit einmal erloschen war, es mit Feuerstein, Stahl und Zunder wieder zu entfachen. Da war es schon einfacher, schnell einmal zum Nachbarn zu laufen und ein paar glühende Kohlen zu erbitten.

In eine solche Verlegenheit kam damals auch eine junge Magd, die bei einem Hamelner Kaufmann namens Grimsehl, welcher in der Bäckerstraße wohnte, in Dienst stand. Als das Mädchen noch spät in der Nacht nach der Glut im Herd schaute, bemerkte es, daß das Feuer erloschen war, und alles Blasen half da nicht mehr. Sie erschrak deswegen sehr, denn ihr war aufgetragen worden, morgens in aller Frühe für ihren Dienstherren eine Mehlsuppe zu kochen, da dieser mit seinem Planwagen über Land fahren wollte.

Nun war guter Rat teuer, denn die Nachbarn schliefen um diese Zeit bestimmt schon alle. Doch zu ihrem Glück hörte sie aus der Schmiede auf der anderen Straßenseite noch helle Hammerschläge klingen. Sie war so froh darüber, daß ihr hier trotz der späten Stunde noch geholfen werden konnte, daß ihr das Absonderliche der mitternächtlichen Tätigkeit in der Schmiede gar nicht in den Sinn kam.

Schnell ergriff die Magd eine Schaufel und eilte hinüber, und bereitwillig gaben ihr die Schmiede eine ausreichende Menge Kohlenglut, mit welcher sie zurück in die Küche ging. Doch so sehr sie sich auch mühte und mit Mund und Püster blies, gelang es ihr doch nicht, das Feuer wieder zu entfachen.

So mußte sie denn noch einmal zu den Schmiedegesellen gehen, die beim schwachen Schein ihres Schmiedefeuers kaum wahrzunehmen waren, und erneut um Glut bitten. Die erhielt sie auch, mußte aber einige spöttische Bemerkungen wegen ihrer Ungeschicklichkeit über sich ergehen lassen. Aber auch dieses Mal erloschen die Kohlen, bevor sie ihr Haus erreichte.

Es half alles nichts, die junge Magd mußte ein drittes Mal den schweren Gang in die dunkle Schmiede antreten. Doch diesmal murrten die schwarzen Gestalten und erlaubten ihr nur scheltend, sich eine dritte Schaufel voll Kohleglut zu nehmen.

Inzwischen kam dem Mädchen doch manches seltsam und unheimlich vor. Doch tat Eile not, und so lief sie schnell aber achtsam mit den glühenden Kohlen in die Küche zurück. Aber auch dieses Mal gelang es ihr trotz aller Anstrengung nicht. Der Herd blieb kalt, und es blieb ihr nichts anderes übrig, als sich müde und verzweifelt wieder in ihr Bett zu legen und auf die Schelte am Morgen zu warten.

Als es dann hell wurde, war Herr Grimsehl auch gar nicht erfreut darüber, daß seine Suppe nicht fertig war, wie er angeordnet hatte. Der Erzählung seiner Magd wollte er schon überhaupt nicht glauben. So machte er sich denn mißmutig mit Feuerstein und Stahl daran, das Feuer für seine Suppe selber anzuzünden.

Als er aber die Asche zur Seite rakte, leuchtete es plötzlich darunter hell hervor, und zu seiner Überraschung sah er, daß in seinem Herde glänzendes Gold lag.

Da war ihm klar, daß seine Magd bei den Zwergen in der Geisterstunde gewesen war, und diese mit dem unschuldigen Mädchen keinen Schabernack getrieben hatten, wie sie es sonst gern mit Menschen taten, welche sie bei ihrem nächtlichen Werk störten.

Natürlich gab Herr Grimsehl seiner jungen Magd ein angemessenes Teil als Belohnung ab. Von dem aber, was er von dem Schatz für sich behielt, baute er jenes schöne Haus, das man in der Bäckerstraße noch heute bewundern kann, denn sein altes Haus war schon recht baufällig geworden.

Der Spuk in der Jodokuskapelle

Seit langer Zeit bestand schon in Hameln das Stift St. Bonifatii. Durch Schenkung und Kauf war das Stift innerhalb der Stadt und auch in der weiteren Umgebung zu erheblichem Besitz gekommen, und da geistliche Orden für sich auch häufig noch Sonderrechte beanspruchten, konnten häufige Streitigkeiten mit der Stadtverwaltung nicht ausbleiben. So war es nur allzu verständlich, daß sowohl die Obrigkeit als auch die Bürger sich heftig dagegen wehrten, als sich mit den Augustiner-Eremiten ein weiterer Orden in Hameln niederlassen wollte. Die Augustiner waren ein Bettelorden. Als die Mönche in der Verhandlung nichts erreichten, kauften sie im Jahre 1328 heimlich das Haus des Bürgers Horanding in der Alten Marktstraße und zogen dort ein. Kaum war dies bekannt geworden, stürmten Hamelner Bürger das Gebäude, zogen die Mönche an den Beinen heraus, als diese sich wehrten, zerrissen deren Kleidung und sollen sogar den im Hause errichteten Altar zerstört haben.

Die zwölf Mönche flohen ins Stift zu Fischbeck und verklagten die Stadt Hameln, was zu einem Prozeß führte, der sich über 32 Jahre hinzog. Auch der Papst und der Landesherr Herzog Erich von Kalenberg mischten sich ein. Doch die Stadt Hameln gab nicht nach. Im Jahre 1360 entschied der Papst schließlich zugunsten der Stadt, und die Augustiner mußten sämtliche Prozeßkosten tragen und das Haus an das Bonifatius-Stift übergeben.

Im Laufe der Zeit verfiel dann das Haus, bis es im Jahre 1498 durch den Priester Johannes Beneke aus Münster wieder aufgebaut und darin die St.-Jodokus-Kapelle eingerichtet wurde. Wohl etwa 50

Jahre lang wurde es dann zu geistlichen Verrichtungen benutzt, bis es in der Reformationszeit zu einem evangelischen Pfarrhaus umgewandelt wurde.
Bei dieser bewegten Vergangenheit des Hauses nimmt es nicht wunder, daß allerlei Spukgeschichten darum entstanden sind. So sollte angeblich die Jodokus-Kapelle mit dem Stift St. Bonifatii durch einen unterirdischen Gang verbunden gewesen sein, von dem sich aber später keine Spuren finden ließen. Doch gab eine Pfarrersfamilie, die in der Mitte des vorigen Jahrhunderts dort wohnte, an, in der Nacht häufig durch ein Geräusch, wie das donnernde Zuschlagen eines schweren Tores, erschreckt worden zu sein, wobei das Geschirr im Schranke klirrte und der Wassereimer überschwappte. Es soll damals schon allerlei versucht worden sein, um hinter diesen geheimnisvollen Spuk zu kommen. Sogar eine Abteilung Soldaten ist angeblich zur Durchsuchung der Umgebung mehrmals eingesetzt worden.
Vom Pfarrer Hartmann, der von 1777 bis 1791 in der ehemaligen Jodokus-Kapelle wohnte, wird berichtet, daß ihm um Mitternacht oft der Geist eines Mönches erschienen sei, während er mit der Ausarbeitung seiner Predigt beschäftigt gewesen war.
Den Geistlichen, die später das Haus bewohnten, ist der Mönch als Geist dann nicht mehr erschienen, und auch der nächtlich zuschlagende Torflügel hat niemanden mehr erschreckt. Doch wurde immer wieder von nächtlichen geisterhaften Geräuschen, wie tappenden, schlürfenden Schritten auf der Treppe und auf dem Gang, sowie Poltern, wie von einem umfallenden Bücherregal und anderem unerklärlichem Lärm berichtet.
All dieses hörte um die Jahrhundertwende aber plötzlich auf, doch bereitete vorher noch ein besonders unheimliches Ereignis das Ende

PREDIGT
GESANG
BUCH

des Hausspukes vor. Einer Bewohnerin des Hauses und ihrer Tochter erschien nachts um elf Uhr, als sie durch Lärm auf der Straße geweckt worden waren und nach der Ursache sehen wollten, ein großer Mann in einem lang herabwallenden weißen Priestergewand mit bunter Stola, der die Hände, wie um seinen Segen zu spenden, erhoben hatte, auf der Treppe.
Die beiden Frauen erschraken fast zu Tode und flüchteten, bleich vor Angst, in ihr Schlafzimmer, wo sie bis zum Morgen betend verblieben. Doch nichts geschah dann weiter, was sie hätte ängstigen können. In der Folgezeit aber bemerkten sie, daß alle nächtlichen Spukgeräusche im Hause aufgehört hatten. Es war, als ob der Mönch durch sein Erscheinen das Ende des Spuks in der ehemaligen Jodokus-Kapelle hatte ankündigen wollen.

TINTE

Quellen und Literatur

Ulrich Baum
Ithland – Sagenland
C. Brandt
Geschichte des Dorfes Afferde
W. Brockmann
Heimatbilder aus dem nördlichen Weserbergland
„Der Klüt“
Kalender Jahrgang 27
Friedrich Meissel
Sagen und Geschichten aus dem Kreise
Hameln und dessen nächster Umgebung
Karl Paetow
Die schönsten Wesersagen